基础会计模拟实训
(单项、综合)(第 2 版)

陈小英　杨承亮　主　编
张仁杰　陈梅容　陈慧莉　副主编

清华大学出版社
北京

内 容 简 介

本书依照最新修订的《企业会计准则》和相关会计法规的有关规定，2019年4月1日以后的税制和2019年5月10日财政部新修订的一般企业财务报表的格式，按照调减后的增值税新的适用税率更改了书中涉及增值税的相应计算，更新了资产负债表、利润表等会计报表的格式和内容。本书是同期出版的《基础会计(第2版)(微课版)》的配套实训书，主要由三个项目构成：项目———基础会计实训指导，包括课程实训的目的，实务操作的要求、方法和应注意的问题；项目二——基础会计单项实训，根据"基础会计"各章内容及顺序，以"证、账、表"为主线，分项训练，强化学生的会计核算基本技能；项目三——基础会计综合模拟实训，要求学生将零散的知识融会贯通，完整掌握会计核算的过程，结合某一工业企业的实际经济活动，直接以原始凭证再现企业的主要经济业务，使学生置身于会计实际工作之中，培养其从事初级会计工作的岗位能力。

本书既可作为高职高专院校、成人高等学校会计专业及财经类相关专业学习基础会计课程的配套同步实训用书，也可作为在职会计人员的培训及自学用书。

本书封面贴有清华大学出版社防伪标签，无标签者不得销售。
版权所有，侵权必究。举报：010-62782989，beiqinquan@tup.tsinghua.edu.cn。

图书在版编目(CIP)数据

基础会计模拟实训：单项、综合/陈小英，杨承亮主编. —2版. —北京：清华大学出版社，2020.7（2021.9重印）
 ISBN 978-7-302-55903-0

Ⅰ. ①基… Ⅱ. ①陈… ②杨… Ⅲ. ①会计学—高等学校—教材 Ⅳ. ①F230

中国版本图书馆 CIP 数据核字(2020)第 108905 号

责任编辑：梁媛媛
封面设计：刘孝琼
责任校对：李玉茹
责任印制：丛怀宇

出版发行：清华大学出版社
网　　址：http://www.tup.com.cn, http://www.wqbook.com
地　　址：北京清华大学学研大厦 A 座　　　邮　　编：100084
社 总 机：010-62770175　　　邮　　购：010-62786544
投稿与读者服务：010-62776969, c-service@tup.tsinghua.edu.cn
质量反馈：010-62772015, zhiliang@tup.tsinghua.edu.cn
课件下载：http://www.tup.com.cn, 010-62791865

印 装 者：天津鑫丰华印务有限公司
经　　销：全国新华书店
开　　本：185mm×260mm　　　印　张：19.25　　　字　数：463千字
版　　次：2016年9月第1版　2020年9月第2版　　　印　次：2021年9月第3次印刷
定　　价：48.00元

产品编号：087639-01

前　言

会计学是一门实践性很强的学科，而会计工作是一项对技术规范要求很高的工作。会计职业技术教育在赋予学生从事会计工作所必需的基础理论的同时，还要培养学生分析、处理各种经济业务的操作技能。会计模拟实训是会计教学中不可缺少的环节，是巩固学生会计理论知识并提高其实际操作技能的重要手段。本书编写的立足点是加强学生的会计操作技能，使学生通过对各种会计业务的训练，掌握凭证填制、账簿登记、报表编制的基本操作技能，真正培养出符合高等职业教育目标的技能型、应用型人才。

本书共分为基础会计实训指导、基础会计单项实训和基础会计综合模拟实训三个项目，内容涉及会计基础书写训练、会计凭证的填制与审核、会计账簿的设置与登记、错账的查找与更正、银行存款余额调节表的编制、资产负债表和利润表的编制、企业主要业务核算等基础规范和操作技能。通过完成一个完整的会计核算操作过程，使学生进一步理解会计核算方法之间的相互关系，完成从理论到实践的飞跃。

本书的特点表现在：针对性强，切合职业教育目标，重点培养职业能力，侧重技能传授；科学、实用，面向应用型人才的就业，注重培养学生的实践能力；内容新颖，借鉴国内外最新的教材，融会当前最新理论，遵循最新发布的各项准则、规范；方便教学，提供实训参考答案，适合教学需要。

本书在再版过程中依照最新修订的《企业会计准则》和相关会计法规的有关规定，2019年4月1日以后的税制和2019年5月10日财政部新修订的一般企业财务报表的格式，按照调减后的增值税新的适用税率更改了书中涉及增值税的相应计算，更新了资产负债表、利润表等会计报表的格式和内容，并对案例进行了优化和修订，使全书更具时效性和实用性。

本书由福建农业职业技术学院的陈小英、杨承亮、张仁杰、陈梅容、陈慧莉共同编写，具体分工是：陈小英编写项目一和项目二中的实训一、实训四；杨承亮编写项目二中的实训三、实训五；张仁杰编写项目二中的实训二；陈慧莉编写项目二中的实训六；陈梅容编写项目三；全书最后由陈小英总纂定稿。

本书在出版过程中得到了清华大学出版社的大力支持；另外，在编写过程中，我们参阅了许多基础会计实训教材，吸收、借鉴、引用了近年来高等职业教育的最新教改成果及有关资料，在此一并表示诚挚的谢意！

由于编者水平有限，书中难免有不妥之处，敬请读者批评指正，以便在修订时改正。

编　者

第 1 版前言

会计学是一门实践性很强的学科，而会计工作是一项对技术规范要求很高的工作。会计职业技术教育在赋予学生从事会计工作所必需的基础理论的同时，还要培养学生分析、处理各种经济业务的操作技能。会计模拟实训是会计教学中不可缺少的环节，是巩固学生会计理论知识并提高其实际操作技能的重要手段。本书编写的立足点是加强学生的会计操作技能，使学生通过对各种会计业务的训练，掌握凭证填制、账簿登记、报表编制的基本操作技能，真正培养出符合高等职业教育目标的技能型、应用型人才。

本书共分为基础会计实训指导、基础会计单项实训和基础会计综合模拟实训三个项目，内容涉及会计基础书写训练、会计凭证的填制与审核、会计账簿的设置与登记、错账的查找与更正、银行存款余额调节表的编制、资产负债表和利润表的编制、企业主要业务核算等基础规范和操作技能。通过完成这样一个完整的会计核算操作过程，使学生进一步理解会计核算方法之间的相互关系，完成从理论到实践的飞跃。

本书的特点表现在：针对性强，切合职业教育目标，重点培养职业能力，侧重技能传授；科学、实用，面向应用型人才的就业，注重培养学生的实践能力；内容新颖，借鉴国内外最新的教材，融会当前最新理论，遵循最新发布的各项准则、规范；方便教学，提供实训参考答案，适合教学需要。

本书由福建农业职业技术学院的陈小英、张仁杰、陈梅容、陈慧莉共同编写，具体分工是：陈小英编写项目一和项目二中的实训一、实训四、实训五；张仁杰编写项目二中的实训二；陈慧莉编写项目二中的实训三、实训六；陈梅容编写项目三；全书最后由陈小英总纂定稿。

本书在出版过程中得到了清华大学出版社的大力支持；另外，在编写过程中，我们参阅了许多基础会计实训教材，吸收、借鉴、引用了近年来高等职业教育的最新教改成果及有关资料，在此一并表示诚挚的谢意！

由于编者水平有限，书中难免有不妥之处，敬请读者批评指正，以便在修订时改正。

编　者

目　　录

项目一　基础会计实训指导 ... 1
一、课程实训的目的 ... 2
二、实务操作的要求、方法和应注意的问题 ... 2

项目二　基础会计单项实训 ... 13
实训一　会计基础书写训练 ... 14
训练一　阿拉伯数字的书写 ... 14
一、训练目的 ... 14
二、训练资料 ... 14
三、训练要求 ... 14
训练二　汉字大写数字的书写 ... 15
一、训练目的 ... 15
二、训练资料 ... 15
三、训练要求 ... 15
训练三　大小写金额的书写 ... 17
一、训练目的 ... 17
二、训练资料 ... 17
三、训练要求 ... 17
实训二　会计凭证的填制与审核 ... 19
训练一　原始凭证的填制 ... 19
一、训练目的 ... 19
二、训练资料 ... 21
三、训练要求 ... 39
训练二　原始凭证的审核 ... 39
一、训练目的 ... 39
二、训练资料 ... 39
三、训练要求 ... 44
训练三　记账凭证的填制与审核 ... 44
一、训练目的 ... 44
二、训练资料 ... 44
三、训练要求 ... 53
实训三　会计账簿的设置与登记 ... 61
一、实训目的 ... 61
二、实训资料 ... 61

	三、实训要求	65
实训四	错账的查找与更正	97
	一、实训目的	97
	二、实训资料	97
	三、实训要求	105
实训五	银行存款余额调节表的编制	109
	一、实训目的	109
	二、实训资料	109
	三、实训要求	110
实训六	资产负债表和利润表的编制	110
	一、实训目的	110
	二、实训资料	110
	三、实训要求	112

项目三 基础会计综合模拟实训 117

一、实训目的 118
二、实训资料 118
三、实训要求 179
附：备用科目汇总表、记账凭证 281

参考文献 297

项目一 基础会计实训指导

一、课程实训的目的

基础会计实训的目的是熟悉会计核算流程;掌握财会书写规范,会计凭证的基本要素、填制和审核方法,会计账簿的格式与内容,登账方法和要求,以及编制会计报表的方法。通过操作训练,使学生掌握会计基本技能,巩固所学理论知识,培养分析问题的能力和动手操作的能力,为今后会计实账训练打下良好的基础。

二、实务操作的要求、方法和应注意的问题

(一)建账

1. 建账的要求

(1) 日记账。日记账是逐日、逐笔记录现金和银行存款基本情况的序时账簿,各单位应建立现金日记账和银行存款日记账。其外在形式应采用订本式,账页格式一般选用三栏式。

(2) 分类账。分类账包括总账和明细账。

总账是定期、分类地反映各会计要素具体项目总括情况的会计账簿。各单位应按照规范的一级会计科目,结合本单位的实际需要设置必要的总分类账。其外在形式应采用订本式,账页格式一般选用三栏式。

明细账是定期、分类地反映各会计要素具体项目详细情况的会计账簿。各单位可以根据本单位的实际需要在所设置的各总分类账下设置各所属的多个明细账,借以提供更为详尽的会计信息。明细账的外在形式可以采用订本式、活页式和卡片式等多种形式,账页格式应根据核算对象的不同要求分别采用三栏式账页、多栏式账页、数量金额式账页及各种专用账页。

2. 建账的方法

(1) 填写账簿启用表。按照规定和需要取得各种账簿后,应在账簿的封面标明各账簿的名称,然后按照规定填写账簿启用表。

(2) 按照国家税法规定缴纳印花税。

(3) 按照会计要素的具体项目填写账户名称。

(4) 根据会计资料将期初余额填入各日记账、明细账和总账。

3. 建账应注意的问题

(1) 建账时所填写的内容应使用蓝黑或碳素墨水笔。

(2) 建账时书写错误应按照会计法规规定的方法更正。

(3) 印花税按年缴纳,由会计人员自行计算、自行贴花、自行加盖印鉴、自行画线注销。

4. 操作流程

建账的操作流程如图 1-1-1 所示。

图 1-1-1 建账的操作流程

(二)原始凭证的填制与审核

1. 原始凭证的填制

(1) 内容完整,即每张原始凭证的内容必须逐项填写齐全。例如,原始凭证的名称;接受凭证的单位;凭证的日期;经济业务的内容、数量、金额;填制人及有关的印鉴等。需要注意的是,如果是外币,要注明货币单位。

(2) 记录真实,即凭证上必须如实地记载所发生的经济业务,不得伪造、乱编原始凭证。

(3) 填制及时,即每项经济业务所涉及的部门或人员必须及时填制有关原始凭证。

2. 原始凭证的审核

(1) 审核原始凭证的真实性,即原始凭证上所有项目是否填全;有关人员或部门是否签章;摘要、金额是否填写清楚;金额计算是否正确;大、小写金额是否一致;等等。

(2) 审核原始凭证的合法性、合规性和合理性,即原始凭证所反映的经济业务是否符合国家颁布的有关财经法规、财会制度,是否有违法乱纪等行为。

3. 填制原始凭证应注意的问题

(1) 原始凭证字迹必须清晰、工整。具体要注意以下几点。

① 阿拉伯数字应当一个一个地写,不要连笔写。阿拉伯金额数字前应当书写货币币种符号或者货币名称简写和货币币种符号。币种符号与阿拉伯金额数字之间不得留有空白。凡阿拉伯数字前写有币种符号的,数字后面不再写货币单位。

② 所有以元为单位(其他货币种类为货币基本单位,下同)的阿拉伯数字,除表示单价等情况外,一律填写到"角""分";无"角""分"的,角位和分位可写"00",或者加符号"—";有"角"无"分"的,分位应当写"0",不得用符号"—"代替。

③ 汉字大写数字金额如零、壹、贰、叁、肆、伍、陆、柒、捌、玖、拾、佰、仟、万、亿等,一律用正楷或者行书体书写,不得用〇、一、二、三、四、五、六、七、八、九、十等字代替,不得任意自造简化字。大写金额数字有分的,分字后面不写"整"或者"正"字。

④ 大写金额数字前未印有货币名称的,应当加填货币名称,货币名称与金额数字之间不得留有空白。

⑤ 阿拉伯金额数字中间有"0"时,汉字大写金额要写"零"字;阿拉伯金额数字中

间连续有几个"0"时,汉字大写金额中可以只写一个"零"字;阿拉伯金额数字元位是"0",或者数字中间连续有几个"0"、元位也是"0"但角位不是"0"时,汉字大写金额可以只写一个"零"字,也可以不写"零"字。

(2) 原始凭证日期的填写。原始凭证日期的填写一般为经济业务发生或完成的日期。如果在业务发生或完成时,因各种原因未能及时填写原始凭证的,应以实际填制凭证日期为准。

(3) 原始凭证的数量与金额的计算要正确无误。

4. 操作流程

填制与审核原始凭证的操作流程如图 1-1-2 所示。

图 1-1-2　填制与审核原始凭证的操作流程

(三)记账凭证的填制与审核

1. 记账凭证的填制

(1) 记账凭证上的所有项目必须填写清楚,具体如下。

① 编制记账凭证的日期、凭证编号。
② 经济业务内容摘要。
③ 记账符号及会计科目名称和金额。
④ 所附原始凭证张数。
⑤ 有关人员签章。

(2) 账户的运用要正确,对应关系要清晰。

2. 记账凭证的审核

(1) 会计账户的运用是否正确,明细账户是否填全,账户对应关系是否清楚。

(2) 记账凭证所附原始凭证是否齐全,记账凭证与原始凭证内容是否相符,金额是否正确。

(3) 记账凭证中有关项目是否填写齐全,有关人员是否签章。

3. 填制记账凭证应注意的问题

(1) 记账凭证的核算单位。

使用专用记账凭证核算单位,在填制记账凭证之前应根据经济业务的性质,确定所使用的记账凭证种类,即收款凭证、付款凭证和转账凭证;涉及现金及银行存款的收付业务时,应使用收、付款凭证,不涉及现金及银行存款之间的相互划转的经济业务只能使用转账凭证。需要注意的是,凡属于现金与银行存款之间相互划转的经济业务(将现金存入银行,从银行提取现金),只能填写付款凭证(现金付款凭证或银行存款付款凭证),以免重复记账。

(2) 记账凭证的日期、编号、摘要的填写应规范。

① 记账凭证的日期填写一般为填制记账凭证的当天日期,但是在实际工作中要根据

具体的情况来填写。涉及银行存款的收付时，一般根据银行的进账单或回执填写收款凭证；根据银行付款单据的日期或承付日期填写付款凭证。出差人员报销差旅费时，应填写报销当日的日期；现金收付时应根据实际收付日期填写。

② 记账凭证的编号，可在填写记账凭证时填写，或者在装订时填写，也可在月末填写。编号时，要根据收付转凭证分别编号，复杂的会计事项，需要填制两张以上的记账凭证时，可采用分数编号法进行编号。例如，第 5 号记账凭证的会计事项要编制 4 张记账凭证，则第 1 张记账凭证的编号为 $5\frac{1}{4}$，第 2、第 3 和第 4 张记账凭证的编号分别为 $5\frac{2}{4}$、$5\frac{3}{4}$、$5\frac{4}{4}$。

③ 记账凭证的摘要应简明、扼要。具体应注意：收、付款凭证的摘要应写明收、付款对象的名称、款项内容，如果是使用转账支票付款的，还应写明支票号码。购入材料等业务的摘要应写明供货单位名称和所购材料的主要品种、数量等内容。对于冲销或补充的调整业务，在填写内容摘要时，应当写明被冲销或补充记账凭证的编号及日期。

(3) 记账凭证的科目应填写完整、准确。
① 会计科目填写要完整，不允许简写或用科目编号代替。
② 应写明一级会计科目和明细会计科目，以便登记明细分类账及总分类账。
③ 注意会计科目的对应关系。
(4) 记账凭证的金额数字应填写正确。具体要注意以下三点。
① 记账凭证的金额必须与原始凭证上的金额一致。
② 在填写金额数字时，应平行对准借贷栏次和科目栏次，如果角位与分位没有数字金额，要写"00"字样。
③ 每笔经济业务填入金额数字后，要在记账凭证的"合计"栏填写合计金额，合计金额数字前应填写人民币符号"¥"，如果不是合计数，则不应填写人民币符号。
(5) 记账凭证所附原始凭证的张数要正确。

一般来说，记账凭证应附有原始凭证，并注明所附原始凭证的张数。具体要求是：收、付款凭证应附有附件，转账凭证属于摊提性质的，应有附件。记账凭证的张数确定有两种方法：即自然张数法和金额法，前者以所附原始凭证张数的自然张数为准，后者则以构成记账凭证金额的原始凭证计算张数。如果一张原始凭证涉及几张记账凭证，可以把原始凭证附在一张主要的记账凭证后面，并在其他记账凭证上注明附有该原始凭证的记账凭证的编号或附原始凭证复印件。

(6) 记账凭证的签章问题。
记账凭证填制完成后，需要有关会计人员签名或盖章。

4. 操作流程

填制与审核记账凭证的操作流程如图 1-1-3 所示。

图 1-1-3 填制与审核记账凭证的操作流程

(四)账簿登记与错账更正

1. 编制汇总记账凭证

(1) 编制汇总记账凭证的要求与方法。

① 汇总记账凭证必须具备以下内容：填制日期；凭证编号；会计科目；金额；所附记账凭证的张数；填制凭证人员、稽核人员、记账人员、会计主管人员的签名或盖章。

② 填写汇总记账凭证时，应对汇总记账凭证进行连续编号。

③ 要按照收款凭证、付款凭证、转账凭证分类编制汇总记账凭证。

(2) 其他注意事项如下。

编制汇总记账凭证时，应以审核无误的记账凭证为依据，定期(以 5 天或 10 天为一期)编制，并对汇总记账凭证分类、连续编号。

在编制汇总记账凭证时，为了防止出现漏编、重编的问题，应在已经汇总的记账凭证上画"√"，表示已编制完成。

汇总收款凭证的特征是：借方科目为库存现金或银行存款，贷方科目为相对应的会计科目；汇总付款凭证的特征是：贷方科目为库存现金或银行存款，借方科目为相对应的会计科目；汇总转账凭证的特征是：为了便于互相合作，应按每个会计科目的贷方编制汇总转账凭证，一个会计科目一张。

汇总记账凭证不需要填制摘要，但是其附件应齐全、准确。

汇总记账凭证若填写错误，应重新填制；若已经登账，应按正确的更正方法更正。

2. 编制科目汇总表

(1) 编制科目汇总表的要求与方法。

① 科目汇总表必须具备以下内容：填制日期；会计科目；每一科目各自的借、贷方本期发生额；合计数；填制人员的签名或盖章。

② 科目汇总表可以根据实际情况定期(5 天、10 天、15 天或 1 个月)编制。

③ 根据科目汇总表登记总账分类时，一般采用借、贷、余三栏式的格式。

(2) 编制科目汇总表应注意的问题。

① 编制科目汇总表应以审核无误的记账凭证为依据。

② 在科目汇总表中应注明每期汇总凭证的起止日期。

③ 汇总完毕后，应检查所有会计科目的借方本期发生额与贷方本期发生额是否相等。若不相等，则说明汇总有误，须查明错误原因并更正后方可据此登账。

3. 账簿登记的规则与方法

(1) 账簿登记的规则。

① 会计人员在登账前要对记账凭证的内容进行审核。

② 登账时，账簿的日期、摘要、金额等有关资料要填写齐全，做到数字清楚、准确，登记及时、完备。

③ 登账要用专用记账笔书写，红笔只允许在特殊情况下使用。

④ 书写的数字和文字上方要适当留些空白，以备改错，一般应占格距的 1/2。

⑤ 登账时，要按顺序进行，不得隔行、跳页。

⑥ 期末结出余额后，应在"借或贷"栏内注明"借"或"贷"等字样，没有余额的账户注明"平"字。现金日记账、银行存款日记账应逐笔结出余额。

⑦ 每一账页用完后，应结出本页合计数及余额，并注明"转次页"字样，在次页第一行"摘要"栏内注明"承上页"字样。

⑧ 由于记账而发生的错误，要用正确的方法进行错账更正。

(2) 账簿登记的方法。

① 日记账：日记账一般采用借、贷、余三栏式订本账。日记账以审核无误的收款凭证、付款凭证为依据进行逐笔登记，每登记一笔都要结出余额，每日记账完毕，也应相应地结出当日余额。日记账一般分为现金日记账和银行存款日记账，由出纳每日登记。

② 明细账：明细账分为三栏式、数量金额式、多栏式、各种专用明细账等形式，其外形采用活页式或卡片式。

③ 总账：总账一般采用借、贷、余三栏式订本账。其登记账簿依据取决于选用的会计核算组织形式，按每一会计科目分别登记。

④ 总账、明细账、日记账的相关账户月末应核对，明细账期末余额之和应等于相应的总账账户期末余额。

(3) 账簿登记应注意的问题。

① 账簿的"时间"栏要依据记账凭证的填制日期登记，"金额"栏要依据凭证相应记账方向金额栏的金额登记。

② 改错、冲账、结账等应使用红色签字笔，不得使用铅笔、圆珠笔。

③ 不得书写错字、别字和自造字；数字不得连笔书写。

④ 要保持账面整洁、完整，以备长期查阅使用。

4. 错账更正

(1) 会计差错更正原则。

① 本期发现的与本期相关的会计差错，应调整本期相关项目。

② 本期发现的与前期相关的非重大会计差错，如影响损益，应直接计入本期净损益，其他相关项目也应作为本期数一并调整；如不影响损益，应调整本期相关项目。

③ 本期发现的与前期相关的重大会计差错，如影响损益，应用其对损益的影响数调整当期的期初留存收益，会计报表其他相关项目的期初数也应一并调整；如不影响损益，应调整会计报表相关项目的期初数。

(2) 会计差错更正的方法。

更正错账的方法一般有三种，即划线更正法、红字更正法和补充登记法。

(3) 会计更正错账应注意的问题。

① 会计人员记账发生错误之后，不能任意涂改、挖、补、刮、擦及用修改液更正。若整页字迹模糊不清，可在会计主管人员批准之后重抄，但是原账页必须保留，不得销毁。而记账中发生的错误，会计人员应根据具体原因，选用正确的技术方法更正错误。

② 采用划线更正法时，不得只更正局部错数，应将全部数字划掉，重新填写。

③ 采用红字更正法时，不得以蓝字或黑字金额填制与原错误记账凭证记账方向相反

的记账凭证去冲销错误记录或冲销原错误金额。

5. 操作流程

账簿登记与错账更正的操作流程如图 1-1-4 所示。

图 1-1-4　账簿登记与错账更正的操作流程

(五)对账、结账与试算平衡

1. 对账的要求与方法

(1) 对账就是有关经济业务入账以后，进行账页记录的核对，主要包括账证核对、账账核对和账实核对。

(2) 编制银行存款余额调节表的要求和方法。

① 首先检查有关银行存款的经济业务是否已全部入账。

② 与银行对账单核对找出未达账项。在寻找未达账项时应注意金额、结算凭证是否均相同。若金额相同而结算凭证不同，则应确定为两笔未达账项。

③ 编制银行存款余额调节表。编制时应注意只就未达账项部分编制。

④ 编制方法一般选用补充登记法，其调整后的金额为企业银行存款实际金额。

⑤ 若发现调整后的银行存款余额双方不相等，则说明记账发生错误，须检查记账凭证记录是否有误。

2. 结账的要求与方法

(1) 结账的要求。

① 本期发生的经济业务须全部登记入账，经检查无错误及遗漏之后才能结账。

② 为了确保正确，本期的经济业务不能延至下期入账。

③ 每月结账时，要在最后一笔经济业务记录下面通栏画单红线，结出本月发生额和余额，在"摘要"栏内注明"本月合计"字样，在本月合计下面通栏再画单红线。12 月末的"本年累计"就是全年累计发生额，全年累计发生额下面通栏画双红线，以区别各月累计数。

④ 年度终了，凡是有余额的账户需要转入下年各账簿栏目内，在新账第一页第一行的"摘要"栏内注明"上年结转"字样。

(2) 结账的方法。

按结账期间不同，结账可分为月结、季结和年结。

3. 试算平衡的要求与方法

(1) 试算平衡应满足的要求与使用的方法。

① 首先将各账户的期初余额填入期初余额栏内，并检验各账户的借方余额是否等于各账户的贷方余额。

② 将账簿中各账户的本期发生额分别按借方本期发生额、贷方本期发生额填入本期发生额栏内，并检查本期发生额借方合计是否等于贷方合计。

③ 根据前两项结出本期期末余额，并将结果填入期末余额栏内，然后检查期末借方余额合计是否等于期末贷方余额合计。

④ 若其中有一项不等，则说明计算或记录有问题，须查明原因，及时调整。

(2) 试算平衡应注意的问题。

① 进行试算平衡前，应首先检查各总账记录是否正确。

② 若试算平衡表编制完毕后，试算结果不平衡，则说明有错误。复检的技术方法如图 1-1-5 所示。

图 1-1-5　复检的技术方法

4. 操作流程

试算平衡的操作流程如图 1-1-6 所示。

图 1-1-6　试算平衡的操作流程

(六)会计报表编制

1. 资产负债表的编制

(1) "年初数"栏内的各项数字，根据上年末资产负债表"期末数"栏内所列数字填列。

(2) "期末数"栏内的各项数字，根据期末资产类、负债类和所有者权益类等账户的期末余额填列。

填列方法可归纳为以下五种。

① 根据有关总账账户的期末余额合计填列，如"货币资金"项目。

② 根据总账有关明细账户的期末余额分析填列，如"应收账款"和"预收账款"项目、"应付账款"和"预付账款"项目等。

③ 根据总账科目和明细科目的余额分析计算填列，如"应付债券"项目。

④ 根据总账账户余额减去其备抵项目后的净额填列，如"长期股权投资"项目。

⑤ 根据总账账户的期末余额直接填列，如"短期借款""应付职工薪酬"项目。

2. 利润表的编制

(1) 编制利润表的要求与方法。

① 利润表中"本年累计数"栏内填列自年初起至本月末止的各项目累计实际发生额。

② 利润表中"本月数"栏内填列本月实际发生数。

③ 表中，相关利润计算如下。

营业利润=营业收入-营业成本-税金及附加-销售费用-管理费用-研发费用-财务费用+其他收益+投资收益+净敞口套期收益+公允价值变动收益+信用减值损失+资产减值损失+资产处置收益

利润总额=营业利润+营业外收入-营业外支出

净利润=利润总额-所得税费用

综合收益总额=净利润+其他综合收益的税后净额

(2) 编制利润表应注意的问题。

① 利润表中的数字应为本月实际发生额，不得估计，不得填入未发生的金额。

② 由于按会计方法计算的会计利润与按税法规定计算的应税利润对同一企业在同一会计期间的经营成果的计算结果会产生差异，因此在实际工作中，二者计算出来的结果往往是不相等的。

(3) 结转利润的要求与方法。

① 月末，将各收入账户的贷方余额从借方转入"本年利润"账户的贷方。

② 月末，将各费用账户的借方余额从贷方转入"本年利润"账户的借方。

③ 年末，若"本年利润"账户的贷方有余额，则转入"利润分配——未分配利润"账户的贷方；若为借方余额，则转入该明细账户的借方。

④ 年末，"利润分配"账户其他明细账户的余额也应转入"未分配利润"明细账户内。

(4) 计算缴纳所得税的要求与方法。

应纳税所得额=收入总额-准予扣除项目金额

应纳所得税额=应纳税所得额×适用税率

或：应纳所得税额=(利润总额±纳税调整项目金额)×适用税率

3. 操作流程

编制会计报表的操作流程如图 1-1-7 所示。

图 1-1-7　编制会计报表的操作流程

(七)会计凭证装订与会计资料保管

1. 会计凭证的装订要求

(1) 装订前要检查每张记账凭证所附原始凭证的张数是否齐全,并且要对附件进行必要的外形加工。

(2) 装订前要检查记账凭证是否分月按自然数顺序连续编号,是否有跳号或重号现象。

(3) 装订前须事先预估,确定会计凭证装订的册数。

(4) 每册会计凭证都要用较结实的牛皮纸加具封面,并在封面上注明会计单位名称、会计凭证名称。此外,封面上还要填写凭证所反映的经济业务发生的年份、月份,凭证的起止号码,本月几册,本册是第几册。

2. 会计凭证的装订方法

(1) 加具封面。将科目汇总表附在会计凭证封面之下、会计凭证之前,叠整齐,用铁夹夹紧。

(2) 会计凭证具体的装订方法如图 1-1-8 所示。

图 1-1-8　会计凭证具体的装订方法

3. 装订会计凭证应注意的问题

在装订会计凭证时,要特别注意装订线眼处的折叠方法,防止出现装订以后不能翻开的情况。

4. 会计资料的保管

(1) 妥善保管会计档案,严防会计凭证散失错乱、残缺不全或损坏。
(2) 严格按照会计档案管理规定履行查阅手续。
(3) 一般会计档案的保管期限为 10 年和 30 年。保管期满后,应按照规定手续经批准后才能销毁。

5. 操作流程

装订会计凭证与保管会计资料的操作流程如图 1-1-9 所示。

图 1-1-9　装订会计凭证与保管会计资料的操作流程

项目二 基础会计单项实训

实训一　会计基础书写训练

训练一　阿拉伯数字的书写

一、训练目的

通过训练，使学生掌握阿拉伯数字的标准写法，做到书写规范、清晰、流畅。

二、训练资料

(1) 数字应当一个一个地写，不得连笔写。
(2) 字体要各自成形，大小均衡，排列整齐，字迹要工整、清晰。
(3) 有圆的数字，如6、8、9、0等，圆圈必须封口。
(4) 同行的相邻数字之间要空出半个阿拉伯数字的位置。
(5) 每个数字要紧靠凭证或账表行格底线书写，字体高度占行格高度的1/2以下，不得写满格，以便留有改错的空间。
(6) "6"字要比一般数字向右上方长出 1/4，"7"和"9"字要向左下方(过底线)长出1/4。
(7) 字体要自右上方向左下方倾斜地写，倾斜度约为60°。

阿拉伯数字参考字体如下。

| 1 | 2 | 3 | 4 | 5 | 6 | 7 | 8 | 9 | 0 |

三、训练要求

按照标准写法进行书写练习，直至书写规范、流畅，得到指导教师认可。
练习时可用会计数字练习用纸，其格式如表2-1-1所示，也可用账页进行书写。

表 2-1-1

会计数字练习用纸

姓名：_____　　　班级：_____　　　　　　年　月　日

训练二　汉字大写数字的书写

一、训练目的

通过训练，使学生掌握汉字大写数字的标准写法，做到书写规范、流畅。

二、训练资料

（1）汉字大写数字要以正楷或行书字体书写，不得连笔写。

（2）不允许使用未经国务院公布的简化字或谐音字。大写数字一律用"壹""贰""叁""肆""伍""陆""柒""捌""玖""拾""佰""仟""万""亿""元""角""分""零""整（正）"等。不能用"毛"代替"角"，"另"代替"零"。

（3）字体要各自成形，大小匀称，排列整齐，字迹要工整、清晰。

（4）大写数字参考字体如下。

| 壹 | 贰 | 叁 | 肆 | 伍 | 陆 | 柒 | 捌 | 玖 | 拾 | 佰 | 仟 | 亿 | 万 | 元 | 角 | 分 | 零 | 整（正） |

三、训练要求

按照标准写法进行书写练习，直至书写规范、流畅，得到指导教师认可。

练习可用会计数字练习用纸，其格式如表 2-1-2 所示，也可用账页进行书写。

表 2-1-2

会计数字练习用纸

姓名：_____　　班级：_____　　年　月　日

训练三 大小写金额的书写

一、训练目的

通过训练，使学生掌握大小写金额的标准写法，做到书写规范、清晰、流畅。

二、训练资料

2020年1月，某公司的现金和银行存款收付业务的发生额如下。

(1) ¥0.50   (2) ¥0.80   (3) ¥13.09
(4) ¥92.00   (5) ¥120.76 (6) ¥8 320.06
(7) ¥20 001.58   (8) ¥161 000.80   (9) ¥107 203.60

三、训练要求

根据上述资料书写大小写金额，如表2-1-3所示。

表2-1-3

大小写金额书写训练用纸

会计凭证、账表上的小写金额								原始凭证上的大写金额栏
没有数位分割线	有数位分割线							
	十	万	千	百	十	元	角	分	
									人民币： 拾 万 仟 佰 拾 元 角 分
									人民币：
									人民币：
									人民币：
									人民币：
									人民币：
									人民币：
									人民币：
									人民币： 拾 万 仟 佰 拾 元 角 分

实训二　会计凭证的填制与审核

训练一　原始凭证的填制

一、训练目的

通过训练，使学生掌握原始凭证的基本内容、填制方法及填制要求。

知识链接

1. 现金支票的填制及使用

(1) 单位应在开户银行的账户或核准经费户的余额内签发支票，每张支票金额不能低于规定的起点。

(2) 每个账户使用的支票，不得移用于其他账户；预算单位签发的支票，不能跨年使用。

(3) 现金支票一律为记名式，用于提取现金，但不得流通转让。

(4) 单位签发支票时，必须使用蓝黑或碳素墨水，按支票簿排定的页数顺序填写，字体不要潦草，也不要使用红色或易褪色的墨水。除"开户银行名称""签发单位账号""总字第×号"及"银行会计分录"四栏系由银行使用不必填写外，其他各栏必须填写清楚，并应注意以下两点。

① "签发日期"栏应填写实际出票日期，不得补填或预填日期，填写日期必须使用汉字大写，并且在填写月、日时，若月为壹、贰或壹拾的，日为壹至玖和壹拾、贰拾和叁拾的，应在其前面加"零"，以防涂改。例如，1月18日应写为"零壹月壹拾捌日"，1月20日应写为"零壹月零贰拾日"。"收款单位(或收款人)名称"栏必须填写清楚，如系本单位自行提取现金可填写"本单位"。

② 大小写金额必须填写齐全且数字相符，如有错误不得更改，应另行签发，其他各栏填错，可在改正处加盖预留印鉴之一，予以证明。另外，在小写金额前应加填货币符号，如人民币用"￥"，美元用"$"等。

(5) "签发单位名称"栏应填写清楚；签发单位签章处应按预留印鉴分别签章，即企业财务专用章和法人代表章或企业财务主管人章，缺漏签章或签章不符时银行不予受理。

(6) 作废的支票不得扯去，应由签发单位自行注销，与存根折在一起注意保管，在结清销户时，连同未用空白支票一并交还银行。

(7) 支票背面"收款人签收年、月、日"栏，由收到支票的人员填写或签章。

(8) 在实务工作中，现金支票为一联，将无误的支票按虚线撕开后持正本从银行提取现金，存根作为企业记账的依据。

(9) 收款人凭现金支票正本支取现金，须在支票背面背书(盖收款人的公章或收款人人名章、填写本人身份证号码等)，持票到签发人的开户银行支取现金，并按照银行的需要交验证件。背书也可按如下样式进行。

单 位	
姓 名	
工作证号码：	
身份证号码：	

已签发的现金支票如果遗失，可以向银行申请挂失。但挂失前已经支付的，银行不予受理。

2. 转账支票的填制及使用

转账支票是由付款人签发，委托银行将款项(非现金)支付给收款人或持票人的一种票据。

(1) 单位应在开户银行的账户余额内签发支票，每张支票金额不能低于规定的起点，不能签发空头支票、空白支票和远期支票。

(2) 每个账户使用的支票，不得移用于其他账户；预算单位签发的支票，不能跨年使用。

(3) 转账支票一律为记账式，只能转账，不能提取现金，也不得流通转让。

(4) 单位签发支票时，必须使用蓝黑或碳素墨水，按支票簿排定的页数顺序填写，字体不能潦草，也不能使用红色或易褪色的墨水。除"开户银行名称""签发单位账号""总字第×号字第×号"和"银行会计分录"四栏系由银行使用不必填写外，其他各栏必须填写清楚，并应注意以下两点。

① "签发日期"应填写实际出票日期，不得补填或预填日期，填写日期必须使用汉字大写；"收款单位名称"栏必须填写清楚；"用途或预算科目"栏，除预算单位应填写预算科目外，所有企业及其他非预算单位只填明用途即可。

② 大小写金额必须填写齐全且数字相符，如有错误不得更改，应另行签发；其他各栏填错，可在改正处加盖预留印鉴之一，予以证明。另外，在小写金额前应加填货币符号"￥"。

(5) "签发单位名称"栏应填写清楚；"签发单位签章"处应按预留印鉴分别签章。缺漏签章或签章不符时，银行不予受理。

(6) 作废的支票不得扯去，应由签发单位自行注销，与存根折在一起注意保管，在结清销户时，连同未用空白支票一并交还银行。

(7) 支票一律记名。中国人民银行总行批准的地区转账支票可以背书转让。

(8) 支票付款期为10天(背书转让地区的转账支票付款期为10天。从签发的次日算起，到期日遇节假日顺延)。

(9) 签发人必须在银行账户余额内按照规定向收款人签发支票。对签发空头支票或印章与预留印鉴不符的支票，银行除退票外并按票面金额处以5%但不低于1 000元的罚款。对屡次签发的，银行可根据情节给予警告、通报批评，直至停止其向收款人签发支票。

(10) 票据丧失，失票人可以及时通知票据的付款人挂失止付，但是，未记载付款人或无法确定付款人及其代理付款人的票据除外。

已签发的转账支票遗失，若尚未兑付，可向银行申请挂失，同时可请求收款人协助防范。

(11) 在实务工作中，转账支票为一联，将填制无误的支票按虚线撕开，正本交给采购员在本市区使用(交给收款人)，支票存根连同供应单位开出的发票联作为记账的依据。

> 票据丧失，失票人可以及时通知票据的付款人挂失止付，但是，未记载付款人或无法确定付款人及其代理付款人的票据除外。收到挂失止付通知的付款人，应当暂停支付。

二、训练资料

(一)单位基本情况介绍

企业名称：福州双吉服装公司(增值税一般纳税人)
开户行：中国工商银行解放路支行　账号：528128061
纳税人登记号：5213721576082
地址：福州市盐务街35号-1号
电话：0591-8128061
经理：胡明
财务科长：陈建
会计：杨婷
出纳：王丽

(二)2020年8月发生的有关交易或事项

(1) 1日，业务经理许林参加广州交易会，经批准从财务科借差旅费6 000元，财务人员审核无误后支付现金。请填制借款单，如表2-2-1所示。

表 2-2-1

借　款　单

年　月　日

部　　门		借款事由	
借款金额	金额(大写)		￥_____
批准金额	金额(大写)		￥_____
领导		财务主管		借款人	

(2) 1日，开出现金支票，从银行提取1 000元现金备用。请填写现金支票，如表2-2-2所示。

表 2-2-2

中国工商银行 现金支票存根 No.06943955	中国工商银行 现金支票(闽)　No.06943955
附加信息_____	出票日期(大写)　年　月　日　付款行名称：_____
	收款人：_____　　　　　　　出票人账号：_____
出票日期　年　月　日	人民币 (大写)　　　　　　　亿 千 百 十 万 千 百 十 元 角 分
收款人：_____	用途_____　　　　　　　密码_____
金　额：_____	上列款项请从 我账户内支付　　　　　　行号_____
用　途：_____	出票人签章　　　　　　　复核　　　记账
单位主管　　会计	

(3) 4日，出纳员将当天的销售款 96 542 元现金存入银行(其中，面额 100 元的 850 张，面额 50 元的 223 张，面额 20 元的 17 张，面额 10 元的 5 张，面额 1 元的 2 张)。请填制银行现金交款单，如表 2-2-3 所示。

表 2-2-3

中国工商银行现金交款单

账别：　　　　　　　　　　　　　年　月　日

交款单位							收款单位								
款项来源							账　号				开户银行				
大写 金额											亿 千 百 十 万 千 百 十 元 角 分				
面值	100元	50元	20元	10元	5元	2元	1元	5角	1角	5分	2分	1分	合计金额	科目(贷)	
张数														对方科目(借)现金	

(4) 4日，开出转账支票 68 000 元，向福州棉纺厂预付布料款。请填制转账支票，如表 2-2-4 所示。

表 2-2-4

| 中国工商银行转账支票存根 No.06943955 | 中国工商银行 转账支票(闽) No.06943955 |

（表格为空白凭证，略）

(5) 6日，从福州棉纺厂购进棉布90匹，单价3 800元，增值税税额44 460元，开出转账支票补付余款，材料验收入库。请填制材料入库单和转账支票，如表2-2-5和表2-2-6所示。

表 2-2-5

材 料 入 库 单

供应单位：　　　　　　　　　　　　年　月　日

发票号：340612　　　　　　　　　　　　　　　字第　　　号

材料名称	规格材质	计量单位	应收数量	实收数量	单价	金额（千 百 十 万 千 百 十 元 角 分）
			运杂费			
			合　计			
备注						

第二联　记账联

仓库：　　　　　会计：　　　　　收料员：　　　　　制单：

表 2-2-6

中国工商银行 转账支票存根 No.07943956	中国工商银行 转账支票 (闽) No.07943956
附加信息_____ _____ 出票日期 年 月 日 收款人： 金　额： 用　途： 单位主管　　会计	出票日期(大写)　年　月　日　付款行名称： 收款人：　　　　　　　　出票人账号： 人民币 (大写)　　　　　　　亿千百十万千百十元角分 用途_____　　　密码_____ 上列款项请从　　　　　行号_____ 我账户内支付 出票人签章　　　　　　复核　　　记账 付款期限自出票之日起十天

✂--

(6) 8日，向个人伍一销售男套装 3 套，每套 650 元(含增值税)，销售女式衬衣 10 件，每件 150 元(含增值税)，收到现金并开出零售发票。请填制销售发票，如表 2-2-7 所示。

表 2-2-7

福建增值税普通发票

发票代码：035001900104

发票号码：04168618

校验码：67805 14219 24436 07694　　　　开票日期：　　年　月　日

购买方	名　　称：				密码区		(略)		第二联 发票联 购买方记账凭证
	纳税人识别号：								
	地　址、电话：								
	开户行及账号：								
货物或应税劳务、服务名称	规格型号	单位	数量	单价	金额	税率	税额		
合　　计									
价税合计(大写)					(小写) ¥				
销售方	名　　称：福州双吉服装公司				备注	福州双吉服装公司 5213721576082 发票专用章			
	纳税人识别号：5213721576082								
	地　址、电话：福州市盐务街 35 号-1　0591-8128061								
	开户行及账号：中国工商银行解放路支行　528128061								
收款人：　　　　　复核：　　　　　开票人：王 丽　　　　销售方：(章)									

(7) 10日，向北京华联商场销售成衣，其中，男西装150套，每套600元，套裙200套，每套800元(不含增值税)，开出增值税专用发票。收到对方的转账支票，当日填写银行进账单送存银行。请填制增值税专用发票及银行进账单，如表2-2-8和表2-2-9所示。

表2-2-8

福建增值税专用发票

发票代码：035001900105

发票号码：04168610

校验码：67805 14219 24436 07695

开票日期：　　年　　月　　日

购买方	名　　　　称：北京华联商场福州分公司 纳税人识别号：006305278128 地　址、电　话：福州市广达路66号 5811051 开户行及账号：农业银行福州台江支行 223343268	密码区	(略)	第二联 发票联 购买方记账凭证
货物或应税劳务、服务名称	规格型号	单位	数量	单价	金额	税率	税额

合　　　　计							
价税合计(大写)					(小写) ￥		

销售方	名　　　　称：福州双吉服装公司 纳税人识别号：5213721576082 地　址、电　话：福州市盐务街35号-1 0591-8128061 开户行及账号：中国工商银行解放路支行 528128061	备注	(福州双吉服装公司 5213721576082 发票专用章)

收款人：　　　　　复核：　　　　　开票人：王丽　　　　　销售方：(章)

(说明：该发票上的发票码只作为样例参考，实际工作中扫码后得到的信息和发票上的信息是一一对应的，全书同。)

表 2-2-9

中国工商银行　进账单(收账通知)

年　月　日

出票人	全　称		收款人	全　称											此联是收款人开户行交给收款人的收账通知
	账　号			账　号											
	开户银行			开户银行											
金额	人民币(大写)				亿	千	百	十	万	千	百	十	元	角	分
票据种类		票据张数													
票据号码															
备注：															
复核　　　　记账				开户行签章											

------ ✂ ------

(8) 12 日，业务经理许林报销差旅费 5 560 元，退回现金 440 元，由出纳开出收据一张。请填制统一收款收据和差旅费报销单，如表 2-2-10 和表 2-2-11 所示。(注：飞机票单程 580 元；住宿 11 天，每日住宿费 350 元；每日补贴 50 元。)

表 2-2-10

统 一 收 款 收 据

年　月　日

交款单位或交款人		收款方式		备注：
事由＿＿＿＿＿＿＿＿＿＿＿＿＿＿＿＿＿＿＿＿＿＿＿＿				
金额(人民币大写)：＿＿＿＿＿＿＿＿＿＿＿＿＿＿		¥＿＿＿＿＿＿		

收款人：　　　　　　　　收款单位(盖章)

表 2-2-11

差 旅 费 报 销 单

部门：销售科　　　　　　　　　　年　月　日

姓名			出差事由	部门开会	出差自 年 月 日		共　　天	附单据 共 张
					至 年 月 日			
起讫时间及地点				车船票	夜间乘车补助费	出差补贴	住宿费	其他	
月	日	起	月	日	讫	类别	金额	时间	标准	金额	日数	标准	金额	金额	摘要	金额	
小计																	

合计金额(大写)：

备注：预借　　　　　　核销　　　　　　退补

单位领导：　　　　　财务主管：　　　　　审核：　　　　　填报人：

---

(9) 12 日，生产车间从原材料仓库领用 A 材料 10 500 千克，单价 40 元，用于生产甲产品。请填制领料单，如表 2-2-12 所示。

表 2-2-12

领　料　单

领料车间(部门)：　　　　　　　　　　　　　　　　仓库：
用　　途：　　　　　　　年　月　日　　　　　　编号：

材料类别	材料名称及规格	计量单位	数　量		单 价	金 额
			请领	实发		
合　计						

备注：

部门负责人：　　　　发料人：　　　　领料人：　　　　制表人：

(10) 30 日，材料核算员根据本月领料凭证编制本月发料凭证汇总表，相关表格如表 2-2-13 至表 2-2-17 所示。

表 2-2-13

领 料 单

领料单位：*生产车间*

用　途：*A产品*　　　　　　*2020年 8 月 5 日*　　　　　　No. 23689

材料类别	材料名称及规格	计量单位	数量		单价	金额
			请领	实领		
原料	圆钢 10 mm	吨	2	2	1 300	2 600

记账：*张明*　　　　　发料：*陈洋*　　　　　领料：*刘东*

表 2-2-14

领 料 单

领料单位：*生产车间*

用　途：*B产品*　　　　　　*2020年 8 月 8 日*　　　　　　No. 23690

材料类别	材料名称及规格	计量单位	数量		单价	金额
			请领	实领		
原料	线材 8 mm	吨	2	2	4 800	9 600

记账：*张明*　　　　　发料：*陈洋*　　　　　领料：*刘东*

表 2-2-15

领 料 单

领料单位：*生产车间*

用　途：*机床维修*　　　　　*2020年 8 月 10 日*　　　　　No. 23691

材料类别	材料名称及规格	计量单位	数量		单价	金额
			请领	实领		
辅助材料	铁皮	平方米	5	5	100	500

记账：*张明*　　　　　发料：*陈洋*　　　　　领料：*刘东*

表 2-2-16

领 料 单

领料单位：生产车间

用　途：B 产品　　　　　　2020 年 8 月 11 日　　　　　　No. 23692

材料类别	材料名称及规格	计量单位	数量		单价	金额
			请领	实领		
原料	8 mm	吨	4	3	4 800	14 400

记账：张明　　　　　　发料：陈洋　　　　　　领料：刘东

表 2-2-17

发料凭证汇总表

年　月

	生产车间		车间一般耗用	管理费用	合　计
	A 产品	B 产品			
原料及主要材料					
辅助材料					
修理用备件					
燃　料					
合　计					

部门负责人：　　　　　　复核人：　　　　　　制表人：

（11）30 日，按产品生产工时比例分配制造费用，编制制造费用分配表，如表 2-2-18 所示。本月"制造费用"账户借方发生额为 20 000 元，甲产品的生产工时为 1 200 小时，乙产品的生产工时为 800 小时。

表 2-2-18

制造费用分配表

年　月　日

分配对象	分配标准（　　）	分配率	分配金额

部门负责人：　　　　　　复核人：　　　　　　制表人：

(12) 30 日,计提固定资产折旧,生产车间固定资产折旧额为 8 000 元,行政部门固定资产折旧额为 3 000 元。请填制固定资产折旧计算分配表,如表 2-2-19 所示。

表 2-2-19

固定资产折旧计算分配表

年　月　日

部　　门	会计科目	固定资产原始价值	月折旧率	本月折旧额
合　计				

部门负责人:　　　　　　复核人:　　　　　　　　制表人:

三、训练要求

根据资料,按照原始凭证的填制要求填写各种原始凭证。

训练二　原始凭证的审核

一、训练目的

通过训练,使学生在正确填写原始凭证的基础上,掌握原始凭证的审核。

二、训练资料

(1) 2020 年 8 月 2 日,采购员邓宁赴成都出差,填写一份借款单并经主管领导批准,如表 2-2-20 所示。

表 2-2-20

借　款　单

2020 年 8 月 2 日

部　门	供应科	借款事由	出差
借款金额(人民币大写)贰仟元整		¥:2000.00	
批准金额(人民币大写)贰仟元整		¥:2000.00	
领　导	胡明　　财务主管	陈建　　借款人	邓宁

(2) 2020 年 8 月 4 日，办公室职员吴敏拿来发票一张，报销购买办公用品费用，如表 2-2-21 所示。

表 2-2-21

福建增值税专用发票

记账联

发票代码：035003900107

发票号码：04168910

校验码：67805 14219 44436 07699

开票日期：2020 年 08 月 04 日

购买方	名　　称	福州双吉服装公司	密码区	(略)	第二联 发票联 购买方记账凭证
	纳税人识别号	5213721576082			
	地址、电话	福州市盐务街 35 号-1　0591-8128061			
	开户行及账号	中国工商银行解放路支行　528128061			

货物或应税劳务、服务名称	规格型号	单位	数量	单价	金额	税率	税额
笔记本		本	10	5.00	50.00	13%	6.50
水　笔		支	30	1.00	30.00	13%	3.90
信　笺		本	55	3.50	192.50	13%	25.03
合　　计					¥272.50		¥35.43

价税合计(大写)	⊗叁佰零柒元玖角叁分	(小写) ¥307.93

销售方	名　　称	东百元洪购物广场有限公司	备注	(发票专用章：东百元洪购物广场有限公司　9135010066037853)
	纳税人识别号	9135010066037853		
	地址、电话	福州台江区台江路 95 号　0591-3262622		
	开户行及账号	交通银行福州杨桥支行　351008210018010034 93		

收款人：　　　　复核：　　　　开票人：范妹妹　　　　销售方：(章)

(3) 2020 年 8 月 6 日，生产车间王冠领用米兰黄纯棉布 40 匹，计划单价 3 500 元，领用白棉布 30 匹，计划单价 3 200 元(工作单号：1212，工作项目：女装)，用于生产 332#女裙。领料单如表 2-2-22 所示。

表 2-2-22

双吉服装公司领料单

领料部门：*生产车间*　　　　　　*2020 年 8 月 6 日*

材料规格及名称	单 位	数　量		计划单价	金　额	过　账
		请领	实发			
米兰黄纯棉布	匹	40	40	3500.00	140000.00	
白棉布	匹	30	30	3200.00	96000.00	
工作单号　1220	用途	生产 332#女裙				
工作项目　女装						

仓库负责人：　　　　记账：　　　　发料：张三　　　　领料：

(4) 2020 年 8 月 7 日，销售 332#女裙 200 件，单价 180 元，135#男夹克 300 件，单价 240 元，开出增值税专用发票一张(见表 2-2-23)，并将有关联交于东方明珠百货商场，同时收到东方明珠百货商场签发的转账支票一张(见表 2-2-24)，尚未送存银行。

表 2-2-23

福建增值税专用发票

发票代码：035001900207
发票号码：04168618

校验码：67805 14219 24436 07685

开票日期：2020 年 08 月 07 日

购买方	名 称：东方明珠百货商场 纳税人识别号：3708662346633898 地 址、电 话：福州市盐务街 35 号 6823799 开户行及账号：工商银行福州广达支行 0-129	密码区	(略)	第一联 记账联 销售方记账凭证

货物或应税劳务、服务名称	规格型号	单位	数量	单价	金额	税率	税额
女裙	332#	件	200	180.00	36000.00	13%	4680.00
男夹克	135#	件	300	240.00	72000.00	13%	9360.00
合 计					¥108000.00		¥14040.00
价税合计(大写)	⊗壹拾贰万贰仟零肆拾元整				(小写) ¥122040.00		

销售方	名 称：福州双吉服装公司 纳税人识别号：5213721576082 地 址、电 话：福州市盐务街 35 号-1 0591-8128061 开户行及账号：中国工商银行解放路支行 528128061	备注		

收款人：　　　　复核：　　　　开票人：王丽　　　　销售方：(章)

表 2-2-24

(5) 2020 年 8 月 10 日，签发现金支票一张(见表 2-2-25)，金额 68 325.80 元，从银行提取现金以备发工资。

表 2-2-25

中国工商银行 转账支票存根 No.07943956	中国工商银行 转账支票(闽) No.07943956
附加信息 _____	出票日期(大写) 贰零贰零年捌月零壹拾日　付款行名称：工商银行解放路支行
	收款人：福州双吉服装公司　　　出票人账号：528128061
出票日期 2020 年 8 月 10 日	人民币(大写) 陆万捌仟叁佰贰拾伍元捌角整　¥ 68325.80
收款人：	用途 发工资　　　　　密码 _____
金　额：¥68325.80	上列款项请从我账户内支付　　行号 _____
用　途：发工资	出票人签章　　　　　　　复核　　　记账
单位主管　会计	

(6) 2020 年 8 月 16 日，办公室职员吴敏拿来发票一张(见表 2-2-26)，报销购买办公用品的费用。

表 2-2-26

福建增值税专用发票

发票代码：035003900126
发票号码：04165210
校验码：67805 14219 44436 07345
开票日期：2020 年 08 月 16 日

购买方	名　　称：福州双吉服装公司					密码区			
	纳税人识别号：5213721576082								
	地　址、电　话：福州市盐务街 35 号-1　0591-8128061					(略)			
	开户行及账号：中国工商银行解放路支行　528128061								
货物或应税劳务、服务名称	规格型号	单位	数量	单价	金额	税率	税额		
笔记本		本	10	5.00	50.00	13%	6.50		
水　笔		支	30	1.00	30.00	13%	3.90		
信　笺		本	55	3.50	192.50	13%	25.03		
合　计					¥272.50		¥35.43		
价税合计(大写)	⊗叁佰零柒元玖角叁分				(小写) ¥307.93				
销售方	名　　称：东百元洪购物广场有限公司					备注			
	纳税人识别号：9135010066037853								
	地　址、电　话：福州台江区台江路 95 号　0591-3262622								
	开户行及账号：交通银行福州杨桥支行　35100821001801003493								
收款人：	复核：	开票人：范妹妹			销售方：(章)				

三、训练要求

(1) 审核原始凭证。以有关的法令、制度及计划等为依据,对每一笔交易或事项所涉及的原始凭证进行审核,审查原始凭证所反映的交易或事项是否合理、合法,同时审查原始凭证的内容是否完整、各项目填列是否齐全、数字计算是否正确及大小写金额是否相符等。

(2) 指出存在的问题。每一笔交易或事项所取得或填写的原始凭证中,至少有一处或多处错误或不完整,认真审核后指出其中存在的问题并提出修改处理意见和方法。

训练三 记账凭证的填制与审核

一、训练目的

通过训练,使学生掌握记账凭证的基本内容和填制方法,并在此基础上掌握记账凭证审核的内容和基本方法。

二、训练资料

福州双吉服装公司 2020 年 8 月份发生下列交易或事项。

(1) 1 日,出纳员填写现金支票一张,从银行提取现金 3 000 元,支票存根如表 2-2-27 所示。

表 2-2-27

(2) 3日，采购员高刚填写借款单，预借差旅费 3 600 元，经有关人员签字同意，以现金支付。借款单如表 2-2-28 所示。

表 2-2-28

借 款 单
2020年8月3日

部　　门	供应科		借款事由		出差	
借款金额	金额(人民币大写)叁仟陆佰元整				¥3600.00	
批准金额	金额(人民币大写)叁仟陆佰元整				¥3600.00	
领　　导	胡明	财务主管	陈建	借款人		高刚

(3) 7日，从工商银行借入期限为 6 个月的借款 150 000 元，有关单据如表 2-2-29 所示。

表 2-2-29

中国工商银行　借款凭证(代回单)
2020年8月15日

借款单位名称		福州双吉服装公司		放款账号：7-12	往来账号：528128061		第四联交借款单位
借款金额		人民币(大写)壹拾伍万元整			¥150000.00		
种类	生产周转借款	单位提出期限	自2020年8月15日至2021年2月15日止			利率	8%
		银行核定期限	自2020年8月15日至2021年2月15日止				
上列借款已收入你单位往来户内单位(银行签章)				单位会计分类			

(4) 8日，出纳员填制现金支票提取现金，准备发工资，支票存根如表 2-2-30 所示。

表 2-2-30

(5) 19 日，以现金 140 000 元发放本月职工工资，工资结算汇总表如表 2-2-31 所示。

表 2-2-31

工资结算汇总表

2020 年 8 月 19 日

部　门	计时工资	计件工资	工资性津贴	奖　金	应扣工资		应付工资
					事假	病假	
生产 A 产品		32 000	20 000	8 100	60	40	60 000.00
生产 B 产品		28 000	10 000	2 000			40 000.00
车间管理人员	23 500						23 500.00
行政管理人员	16 500						16 500.00
合　计	40 000	60 000	30 000	10 100	60	40	140 000.00

(6) 31 日，分配结转本月职工工资 140 000 元，其中，生产 A 产品工人工资 60 000 元，生产 B 产品工人工资 40 000 元，车间管理人员工资 23 500 元，行政管理部门 16 500 元，分配表如表 2-2-32 所示。

表 2-2-32

工资费用分配汇总表

2020 年 8 月 31 日

车间、部门		应分配金额
车间生产人员工资	生产 A 产品	60 000.00
	生产 B 产品	40 000.00
	生产人员工资小计	100 000.00
车间管理人员		23 500.00
厂部管理人员		16 500.00
合　计		140 000.00

(7) 31 日，计提本月固定资产折旧费。折旧费用分配表如表 2-2-33 所示。

表 2-2-33

折旧费用分配表

2020 年 8 月 31 日

车间或部门	折旧额
生产车间	3 500.00
厂　部	2 600.00
合　计	6 100.00

(8) 31 日，编制制造费用分配表，如表 2-2-34 所示。

表 2-2-34

制造费用分配表

2020 年 8 月 31 日

产品名称	实用工时	分配率	分配金额
A 产品	4 000		
B 产品	6 000		
合　计	10 000		

(9) 31 日，本月投产的 A 产品 500 件，B 产品 400 件，全部完工，结转其生产成本。有关单据如表 2-2-35 至表 2-2-37 所示。

表 2-2-35

产品成本计算单(A 产品)

A 产品　　　　　　　2020 年 8 月 31 日　　　　　　　完工：500 件

项　目	直接材料	直接人工	制造费用	合　计
本月发生生产成本				
转完工产品成本				
完工产品单位成本				

表 2-2-36

产品成本计算单(B 产品)

B 产品　　　　　　　2020 年 8 月 31 日　　　　　　　完工：400 件

项　目	直接材料	直接人工	制造费用	合　计
本月发生生产成本				
转完工产品成本				
完工产品单位成本				

表 2-2-37

产成品入库单

2020 年 8 月 31 日

产品名称	计量单位	数　量	单位成本	金　额
A 产品	件			
B 产品	件			
合　计				

(10) 1 日，从金祥公司购入甲材料 1 300 千克，开出转账支票付款，材料尚未运到。有关单据如表 2-2-38 和表 2-2-39 所示。

表 2-2-38

```
      中国工商银行(闽)
       转账支票存根
        NO. 01833989
  附加信息ˍˍˍˍˍˍˍˍˍˍ
  ˍˍˍˍˍˍˍˍˍˍˍˍˍˍˍˍ
  ˍˍˍˍˍˍˍˍˍˍˍˍˍˍˍˍ
  出票日期 2020 年 8 月 1 日
  收 款 人： 金祥公司
  金  额： ¥293 800.00
  用  途： 材料款
  单位主管        会计： 杨婷
```

表 2-2-39

福建增值税专用发票

（福建发票联 印章）

发票代码：035003900487

发票号码：04123610

校验码：67805 14219 44436 07582   开票日期：2020 年 08 月 01 日

购买方	名　　称：福州双吉服装公司 纳税人识别号：5213721576082 地　址、电　话：福州市盐务街 35 号-1　0591-8128061 开户行及账号：中国工商银行解放路支行　528128061	密码区	（略）

货物或应税劳务、服务名称	规格型号	单位	数量	单价	金额	税率	税额
甲材料		千克	1 300	200	260 000.00	13%	33 800.00
合　　计					¥260 000.00		¥33 800.00

价税合计（大写）	⊗贰拾玖万叁仟捌佰元整	（小写）　¥293 800.00

销售方	名　　称：金祥公司 纳税人识别号：370833586263889 地　址、电　话：辽阳市福州路 108 号　85660368 开户行及账号：中国农行福州路支行　560180012364	备注	（金祥公司 370833586263889 发票专用章）

收款人：　　　　　复核：　　　　　开票人：张晓红　　　　　销售方：（章）

第二联 发票联 购买方记账凭证

(11) 1日，仓库发出材料供有关部门使用。领料单如表2-2-40至表2-2-43所示。

表2-2-40

福州双吉服装公司领料单(1)

领料部门：生产车间　　　　2020年8月1日

材料		单位	数量		单位成本	金额	过账
名称	规格		请领	实发			
乙材料		千克	120	120	50	6000.00	
工作单号		用途	车间一般耗用				
工作项目							

会计：　　　　　记账：　　　　　发料：王彬　　　　领料：肖华

表2-2-41

福州双吉服装公司领料单(2)

领料部门：生产车间　　　　2020年8月1日

材料		单位	数量		单位成本	金额	过账
名称	规格		请领	实发			
甲材料		千克	500	500	200	100000.00	
乙材料		千克	1000	1000	50	50000.00	
工作单号		用途	生产A产品				
工作项目							

会计：　　　　　记账：　　　　　发料：王彬　　　　领料：肖华

表2-2-42

福州双吉服装公司领料单(3)

领料部门：生产车间　　　　2020年8月1日

材料		单位	数量		单位成本	金额	过账
名称	规格		请领	实发			
甲材料		千克	750	750	200	150000.00	
乙材料		千克	800	800	50	40000.00	
工作单号		用途	生产B产品				
工作项目							

会计：　　　　　记账：　　　　　发料：王彬　　　　领料：肖华

表 2-2-43

福州双吉服装公司领料单(4)

领料部门：生产车间　　　　2020 年 8 月 1 日

材料名称	规格	单位	数量 请领	数量 实发	单位成本	金 额	过 账
甲材料		千克	40	40	200	8000.00	
工作单号		用途	管理部门一般耗用				
工作项目							

会计：　　　　记账：　　　　发料：王彬　　　　领料：周红

(12) 3 日，从金祥公司购入的甲材料运到企业并验收入库。材料入库单如表 2-2-44 所示。

表 2-2-44

材 料 入 库 单

供应单位：金祥公司　　　　2020 年 8 月 3 日　　　　发票号：

材料类别	材料名称	规格材质	计量单位	数量	实收数量	单位成本	金 额								
							百	十	万	千	百	十	元	角	分
	甲材料		千克	1300	1300	200			2	6	0	0	0	0	0
检验结果		检验员签章：		运杂费											
				合　计			¥		2	6	0	0	0	0	0
备注															

仓库：　　　　　　　　材料会计：　　　　　　　　收料员：周杰

(13) 3 日，出纳员填写现金支票一张，从银行提取现金 2 000 元，支票存根如表 2-2-45 所示。

表 2-2-45

(14) 3 日，销售 A 产品 400 件，单价 2 000 元，全部款项已送存银行。有关单据如表 2-2-46 和表 2-2-47 所示。

表 2-2-46

发票代码：035001818207

发票号码：04488618

校验码：67805 14219 24436 03465

开票日期：2020 年 08 月 03 日

购买方	名　称	金诚公司					密码区	(略)		第四联 记账联 销售方记账凭证
	纳税人识别号	370670524383698								
	地　址、电　话	辽阳市华侨路 28 号　6225006								
	开户行及账号	工商银行北大街支行　56019653								
货物或应税劳务、服务名称	规格型号	单位	数量	单价	金额	税率	税额			
A 产品		件	400	2 000	800 000.00	13%	104 000.00			
合　　计					￥800 000.00		￥104 000.00			
价税合计(大写)		⊗玖拾万零肆仟元整			(小写)	￥904 000.00				
销售方	名　称	福州双吉服装公司					备注	(发票专用章) 福州双吉服装公司 5213721576082		
	纳税人识别号	5213721576082								
	地　址、电　话	福州市盐务街 35 号-1　0591-8128061								
	开户行及账号	中国工商银行解放路支行　528128061								
收款人：		复核：		开票人：王　丽			销售方：(章)			

表 2-2-47

中国工商银行　进账单(收账通知)

2020 年 8 月 3 日

出票人	全　称	金诚公司	收款人	全　称	福州双吉服装公司										此联是收款人开户行交给收款人的收账通知
	账　号	56019653		账　号	528128061										
	开户银行	工商银行北大街支行		开户银行	工商银行解放路支行										
金额	人民币(大写)	玖拾万零肆仟元整			亿	千	百	十	万	千	百	十	元	角	分
							￥	9	0	4	0	0	0	0	0
票据种类	转账支票	票据张数	1		工商银行 解放路支行 2020.08.03 转讫										
票据号码															
备注：															
复核		记账			开户行签章										

三、训练要求

根据训练资料(1)~(9)题的原始凭证填制收款凭证、付款凭证、转账凭证,如表 2-2-48 至表 2-2-56 所示。根据训练资料(10)~(14)题的原始凭证填制记账凭证,如表 2-2-57 至表 2-2-61 所示。

表 2-2-48

付 款 凭 证

贷方科目: 年 月 日   付字第 号

摘 要	借方科目		金 额										记账
	总账科目	明细科目	千	百	十	万	千	百	十	元	角	分	
附件 张	合 计												

会计主管: 记账: 出纳: 审核: 制单:

表 2-2-49

付 款 凭 证

贷方科目: 年 月 日   付字第 号

摘 要	借方科目		金 额										记账
	总账科目	明细科目	千	百	十	万	千	百	十	元	角	分	
附件 张	合 计												

会计主管: 记账: 出纳: 审核: 制单:

表 2-2-50

收 款 凭 证

借方科目: 年 月 日   收字第 号

摘 要	贷方科目		金 额										记账
	总账科目	明细科目	千	百	十	万	千	百	十	元	角	分	
附件 张	合 计												

会计主管: 记账: 出纳: 审核: 制单:

表 2-2-51

付 款 凭 证

贷方科目：　　　　　　　　　　　年　月　日　　　　　　　　　　付字第　号

摘 要	借方科目		金 额										记账
	总账科目	明细科目	千	百	十	万	千	百	十	元	角	分	
附件　　张	合　计												

会计主管：　　　　记账：　　　　出纳：　　　　审核：　　　　制单：

表 2-2-52

付 款 凭 证

贷方科目：　　　　　　　　　　　年　月　日　　　　　　　　　　付字第　号

摘 要	借方科目		金 额										记账
	总账科目	明细科目	千	百	十	万	千	百	十	元	角	分	
附件　　张	合　计												

会计主管：　　　　记账：　　　　出纳：　　　　审核：　　　　制单：

表 2-2-53

转 账 凭 证

年　月　日　　　　　　　　　　　　　　　　　　　　　　　　转字第　号

摘 要	会计科目		借方金额								贷方金额								记账
	总账科目	明细科目	十	万	千	百	十	元	角	分	十	万	千	百	十	元	角	分	
附件　张	合　计																		

会计主管：　　　　记账：　　　　出纳：　　　　审核：　　　　制单：

表 2-2-54

转 账 凭 证

年　月　日　　　　　　　　　　　　　　　　　转字第　　号

摘要	会计科目		借方金额								贷方金额								记账
	总账科目	明细科目	十	万	千	百	十	元	角	分	十	万	千	百	十	元	角	分	
附件　张	合　计																		

会计主管：　　　　记账：　　　　出纳：　　　　审核：　　　　制单：

表 2-2-55

转 账 凭 证

年　月　日　　　　　　　　　　　　　　　　　转字第　　号

摘要	会计科目		借方金额								贷方金额								记账
	总账科目	明细科目	十	万	千	百	十	元	角	分	十	万	千	百	十	元	角	分	
附件　张	合　计																		

会计主管：　　　　记账：　　　　出纳：　　　　审核：　　　　制单：

表 2-2-56

转 账 凭 证

年　月　日　　　　　　　　　　　　　　　　　转字第　　号

摘要	会计科目		借方金额								贷方金额								记账
	总账科目	明细科目	十	万	千	百	十	元	角	分	十	万	千	百	十	元	角	分	
附件　张	合　计																		

会计主管：　　　　记账：　　　　出纳：　　　　审核：　　　　制单：

表 2-2-57

记 账 凭 证

年 月 日 　　　　　　　　　　　　　　　　　　　字第 号

摘 要	会计科目		借方金额								贷方金额								记账
	总账科目	明细科目	十	万	千	百	十	元	角	分	十	万	千	百	十	元	角	分	
附件 张	合 计																		

会计主管：　　　记账：　　　出纳：　　　审核：　　　制单：

表 2-2-58

记 账 凭 证

年 月 日 　　　　　　　　　　　　　　　　　　　字第 号

摘 要	会计科目		借方金额								贷方金额								记账
	总账科目	明细科目	十	万	千	百	十	元	角	分	十	万	千	百	十	元	角	分	
附件 张	合 计																		

会计主管：　　　记账：　　　出纳：　　　审核：　　　制单：

表 2-2-59

记 账 凭 证

年 月 日 　　　　　　　　　　　　　　　　　　　字第 号

摘 要	会计科目		借方金额								贷方金额								记账
	总账科目	明细科目	十	万	千	百	十	元	角	分	十	万	千	百	十	元	角	分	
附件 张	合 计																		

会计主管：　　　记账：　　　出纳：　　　审核：　　　制单：

表 2-2-60

记 账 凭 证

年　月　日　　　　　　　　　　　　字第　　号

摘要	会计科目		借方金额								贷方金额								记账
	总账科目	明细科目	十	万	千	百	十	元	角	分	十	万	千	百	十	元	角	分	
附件　张	合　计																		

会计主管：　　　记账：　　　出纳：　　　审核：　　　制单：

- ✂

表 2-2-61

记 账 凭 证

年　月　日　　　　　　　　　　　　字第　　号

摘要	会计科目		借方金额								贷方金额								记账
	总账科目	明细科目	十	万	千	百	十	元	角	分	十	万	千	百	十	元	角	分	
附件　张	合　计																		

会计主管：　　　记账：　　　出纳：　　　审核：　　　制单：

实训三　会计账簿的设置与登记

一、实训目的

通过训练，使学生掌握日记账、明细分类账、总分类账的设置和登记。

二、实训资料

(1) 永宏有限责任公司 2020 年 1 月 1 日有关账户期初余额如表 2-3-1 所示。

表 2-3-1

2020 年 1 月 1 日有关账户期初余额

账户名称	借　　方	账户名称	贷　　方
库存现金	2 000	短期借款	300 000
银行存款	17 000	应付票据	370 000
应收票据	50 000	应付账款	60 000
应收账款	21 000	应交税费	25 000
生产成本	52 500	实收资本	1 807 000
原材料	54 000	资本公积	98 000
库存商品	31 000	盈余公积	86 000
固定资产	3 500 000	利润分配	1 500
		累计折旧	980 000
合　　计	3 727 500	合　　计	3 727 500

(2) 2019 年 12 月 31 日，该公司有关明细账户余额如下。

① "原材料"：甲材料 10 千克，每千克 400 元，计 4 000 元；乙材料 1 000 千克，每千克 50 元，计 50 000 元。

② "生产成本"：52 500 元。该企业生产成本明细账如表 2-3-2 所示。

表 2-3-2

生产成本明细账　　　　　　　　　　　　　单位：元

产品名称	月初在产品数量/件	月初在产品			
		直接材料	直接人工	制造费用	合　计
A 产品	300	3 500	1 500	500	5 500
B 产品	150	25 000	15 000	7 000	47 000

③ "应付账款"：大连红星有限责任公司(贷方)40 000 元，武汉新达股份有限公司(贷方)20 000 元。

(3) 2020 年 1 月发生经济业务如下。

① 3 日，收到投资者投入的资金 100 万元，已通过银行划转。

② 4 日，公司从银行借入期限为 6 个月的生产周转性借款 100 000 元，年利率 5%，款项已存入银行。

③ 6 日，公司计提本月短期借款利息 3 000 元。

④ 8 日，公司购入一台不需要安装的生产设备，该设备的买价为 300 000 元，增值税为 39 000 元，包装运杂费 20 000 元，全部款项通过银行存款支付，设备当即投入使用。

⑤ 12 日，公司用银行存款 361 600 元购入甲材料 800 千克，每千克价格 400 元，共计材料价格 320 000 元和增值税 41 600 元。甲材料全部验收入库。

⑥ 13 日，公司用银行存款 11 300 元购入乙材料 200 千克，每千克价格 50 元，共计

材料价格 10 000 元和增值税 1 300 元。乙材料尚未验收入库。

⑦ 14 日，公司生产 A、B 两种产品，领料情况如下：生产 A 产品耗用甲材料 26.25 千克，每千克 400 元，计 10 500 元，耗用乙材料 600 千克，每千克 50 元，计 30 000 元；生产 B 产品耗用甲材料 13.125 千克，每千克 400 元，计 5 250 元，耗用乙材料 120 千克，每千克 50 元，计 6 000 元；车间一般耗用乙材料 80 千克，每千克 50 元，计 4 000 元。

⑧ 14 日，公司计算确认当期应付给生产人员的薪酬为 73 000 元，其中 A 产品直接生产人员薪酬 20 000 元，B 产品直接生产人员薪酬 16 000 元，车间间接生产人员薪酬 14 000 元，行政管理人员薪酬为 14 000 元，销售人员薪酬为 9 000 元。

⑨ 15 日，公司以银行存款支付上述人员薪酬。

⑩ 16 日，公司计提当月车间固定资产的折旧，共计 22 000 元；计提行政管理部门折旧 30 000 元。

⑪ 17 日，从银行提取现金 2 000 元，以备零星开支需要。

⑫ 18 日，用现金 500 元购买办公用品。

⑬ 19 日，采购部赵敏出差回来报销差旅费 1 500 元。

⑭ 22 日，公司出售 A 产品给东方公司 200 件，每件售价 500 元，开出增值税专用发票，增值税税率为 13%，货款及增值税已收到并存入银行。

⑮ 23 日，公司出售 B 产品 100 件给北方公司，每件售价 1 000 元，开出增值税专用发票，增值税税率为 13%，货已发出，用支票支付代垫运杂费 3 000 元，已办妥托收手续，货款尚未收到。

⑯ 31 日，本月 A 产品生产工时为 12 000 小时，B 产品生产工时为 8 000 小时，本月制造费用总额为 40 000 元。按生产工时标准，计算 A 产品和 B 产品应负担的制造费用。

⑰ 31 日，上述 A、B 产品全部完工，验收入库。

⑱ 31 日，公司汇总本月已销售 A 产品 200 件，单位成本为 300 元；销售 B 产品 100 件，单位成本为 600 元。月末结转已销售商品成本。

⑲ 31 日，公司销售甲材料一批 20 千克，单价 500 元，增值税 1 300 元，款已收。

⑳ 31 日，公司结转已售甲材料成本 8 000 元。

㉑ 31 日，公司计算应交纳消费税 15 000 元，教育费附加 5 000 元。

㉒ 31 日，公司以存款支付应由本单位负担的销售产品运输费 1 000 元。

㉓ 31 日，将本期各项收入结转到本年利润。

㉔ 31 日，将本期各项成本费用结转到本年利润。

㉕ 31 日，公司应纳税所得额与会计利润总额是一致的，期末按 25% 的税率计算本期所得税费用。

㉖ 31 日，将上述所得税费用结转到本年利润。

㉗ 31 日，结转本期实现的净利润。

㉘ 31 日，公司按净利润的 10% 提取法定盈余公积。

㉙ 31 日，宣告发放现金股利 1 250 元。

㉚ 31 日，将"利润分配"的有关明细账户结转到"利润分配——未分配利润"账户中。

三、实训要求

(1) 根据所发生的经济业务编制记账凭证。如表 2-3-3 至表 2-3-35 所示。

(2) 建立日记账,根据记账凭证逐日、逐笔登记库存现金日记账和银行存款日记账。现金日记账和银行存款日记账如表 2-3-36 和表 2-3-37 所示。

(3) 建立明细分类账,根据记账凭证逐笔登记三栏式明细账:应付账款明细账如表 2-3-38 和表 2-3-39 所示;数量金额式明细账:原材料明细账如表 2-3-40 和表 2-3-41 所示;多栏式明细账:生产成本明细账如表 2-3-42 和表 2-3-43 所示。

(4) 建立总分类账,根据记账凭证登记总分类账:应付账款、原材料、生产成本、实收资本总账如表 2-3-44 至表 2-3-47 所示。

表 2-3-3

记 账 凭 证

年　月　日　　　　　　　　　　　　　　字第　　号

摘要	会计科目		借方金额								贷方金额								记账
	总账科目	明细科目	十	万	千	百	十	元	角	分	十	万	千	百	十	元	角	分	
附件　张	合　计																		

会计主管:　　　　记账:　　　　出纳:　　　　审核:　　　　制单:

表 2-3-4

记 账 凭 证

年　月　日　　　　　　　　　　　　　　字第　　号

摘要	会计科目		借方金额								贷方金额								记账
	总账科目	明细科目	十	万	千	百	十	元	角	分	十	万	千	百	十	元	角	分	
附件　张	合　计																		

会计主管:　　　　记账:　　　　出纳:　　　　审核:　　　　制单:

表 2-3-5

记 账 凭 证

年　月　日　　　　　　　　　　　　　　　　字第　　号

摘要	会计科目		借方金额								贷方金额								记账
	总账科目	明细科目	十	万	千	百	十	元	角	分	十	万	千	百	十	元	角	分	
附件　张	合　计																		

会计主管：　　　　记账：　　　　出纳：　　　　审核：　　　　制单：

表 2-3-6

记 账 凭 证

年　月　日　　　　　　　　　　　　　　　　字第　　号

摘要	会计科目		借方金额								贷方金额								记账
	总账科目	明细科目	十	万	千	百	十	元	角	分	十	万	千	百	十	元	角	分	
附件　张	合　计																		

会计主管：　　　　记账：　　　　出纳：　　　　审核：　　　　制单：

表 2-3-7

记 账 凭 证

年　月　日　　　　　　　　　　　　　　　　字第　　号

摘要	会计科目		借方金额								贷方金额								记账
	总账科目	明细科目	十	万	千	百	十	元	角	分	十	万	千	百	十	元	角	分	
附件　张	合　计																		

会计主管：　　　　记账：　　　　出纳：　　　　审核：　　　　制单：

表2-3-8

记 账 凭 证

年 月 日　　　　　　　　　　　　　　　　　　　　　　字第　　号

摘　要	会计科目		借方金额								贷方金额								记账
	总账科目	明细科目	十	万	千	百	十	元	角	分	十	万	千	百	十	元	角	分	
附件　张	合　计																		

会计主管：　　　记账：　　　出纳：　　　审核：　　　制单：

表2-3-9

记 账 凭 证

年 月 日　　　　　　　　　　　　　　　　　　　　　　字第　　号

摘　要	会计科目		借方金额								贷方金额								记账
	总账科目	明细科目	十	万	千	百	十	元	角	分	十	万	千	百	十	元	角	分	
附件　张	合　计																		

会计主管：　　　记账：　　　出纳：　　　审核：　　　制单：

表2-3-10

记 账 凭 证

年 月 日　　　　　　　　　　　　　　　　　　　　　　字第　　号

摘　要	会计科目		借方金额								贷方金额								记账
	总账科目	明细科目	十	万	千	百	十	元	角	分	十	万	千	百	十	元	角	分	
附件　张	合　计																		

会计主管：　　　记账：　　　出纳：　　　审核：　　　制单：

表 2-3-11

记 账 凭 证

年　月　日　　　　　　　　　　　　　　　字第　　号

摘要	会计科目		借方金额								贷方金额								记账
	总账科目	明细科目	十	万	千	百	十	元	角	分	十	万	千	百	十	元	角	分	
附件　张	合　计																		

会计主管：　　　　记账：　　　　出纳：　　　　审核：　　　　制单：

表 2-3-12

记 账 凭 证

年　月　日　　　　　　　　　　　　　　　字第　　号

摘要	会计科目		借方金额								贷方金额								记账
	总账科目	明细科目	十	万	千	百	十	元	角	分	十	万	千	百	十	元	角	分	
附件　张	合　计																		

会计主管：　　　　记账：　　　　出纳：　　　　审核：　　　　制单：

表 2-3-13

记 账 凭 证

年　月　日　　　　　　　　　　　　　　　字第　　号

摘要	会计科目		借方金额								贷方金额								记账
	总账科目	明细科目	十	万	千	百	十	元	角	分	十	万	千	百	十	元	角	分	
附件　张	合　计																		

会计主管：　　　　记账：　　　　出纳：　　　　审核：　　　　制单：

表 2-3-14

记 账 凭 证

年　月　日　　　　　　　　　　　　　　　　字第　号

摘　要	会计科目		借方金额								贷方金额								记账
	总账科目	明细科目	十	万	千	百	十	元	角	分	十	万	千	百	十	元	角	分	
附件　张	合　计																		

会计主管：　　　记账：　　　出纳：　　　审核：　　　制单：

表 2-3-15

记 账 凭 证

年　月　日　　　　　　　　　　　　　　　　字第　号

摘　要	会计科目		借方金额								贷方金额								记账
	总账科目	明细科目	十	万	千	百	十	元	角	分	十	万	千	百	十	元	角	分	
附件　张	合　计																		

会计主管：　　　记账：　　　出纳：　　　审核：　　　制单：

表 2-3-16

记 账 凭 证

年　月　日　　　　　　　　　　　　　　　　字第　号

摘　要	会计科目		借方金额								贷方金额								记账
	总账科目	明细科目	十	万	千	百	十	元	角	分	十	万	千	百	十	元	角	分	
附件　张	合　计																		

会计主管：　　　记账：　　　出纳：　　　审核：　　　制单：

表 2-3-17

记 账 凭 证

年　月　日　　　　　　　　　　　　　　　　　　字第　号

摘要	会计科目		借方金额								贷方金额								记账
	总账科目	明细科目	十	万	千	百	十	元	角	分	十	万	千	百	十	元	角	分	
附件　张	合　计																		

会计主管：　　　记账：　　　出纳：　　　审核：　　　制单：

表 2-3-18

记 账 凭 证

年　月　日　　　　　　　　　　　　　　　　　　字第　号

摘要	会计科目		借方金额								贷方金额								记账
	总账科目	明细科目	十	万	千	百	十	元	角	分	十	万	千	百	十	元	角	分	
附件　张	合　计																		

会计主管：　　　记账：　　　出纳：　　　审核：　　　制单：

表 2-3-19

记 账 凭 证

年　月　日　　　　　　　　　　　　　　　　　　字第　号

摘要	会计科目		借方金额								贷方金额								记账
	总账科目	明细科目	十	万	千	百	十	元	角	分	十	万	千	百	十	元	角	分	
附件　张	合　计																		

会计主管：　　　记账：　　　出纳：　　　审核：　　　制单：

表 2-3-20

记 账 凭 证

年　月　日　　　　　　　　　字第　号

摘要	会计科目		借方金额								贷方金额								记账
	总账科目	明细科目	十	万	千	百	十	元	角	分	十	万	千	百	十	元	角	分	
附件　张	合　计																		

会计主管：　　　记账：　　　出纳：　　　审核：　　　制单：

表 2-3-21

记 账 凭 证

年　月　日　　　　　　　　　字第　号

摘要	会计科目		借方金额								贷方金额								记账
	总账科目	明细科目	十	万	千	百	十	元	角	分	十	万	千	百	十	元	角	分	
附件　张	合　计																		

会计主管：　　　记账：　　　出纳：　　　审核：　　　制单：

表 2-3-22

记 账 凭 证

年　月　日　　　　　　　　　字第　号

摘要	会计科目		借方金额								贷方金额								记账
	总账科目	明细科目	十	万	千	百	十	元	角	分	十	万	千	百	十	元	角	分	
附件　张	合　计																		

会计主管：　　　记账：　　　出纳：　　　审核：　　　制单：

表 2-3-23

记 账 凭 证

年　月　日　　　　　　　　　　　　　　　　　字第　　号

摘要	会计科目		借方金额								贷方金额								记账
	总账科目	明细科目	十	万	千	百	十	元	角	分	十	万	千	百	十	元	角	分	
附件　张	合　计																		

会计主管：　　　　记账：　　　　出纳：　　　　审核：　　　　制单：

表 2-3-24

记 账 凭 证

年　月　日　　　　　　　　　　　　　　　　　字第　　号

摘要	会计科目		借方金额								贷方金额								记账
	总账科目	明细科目	十	万	千	百	十	元	角	分	十	万	千	百	十	元	角	分	
附件　张	合　计																		

会计主管：　　　　记账：　　　　出纳：　　　　审核：　　　　制单：

表 2-3-25

记 账 凭 证

年　月　日　　　　　　　　　　　　　　　　　字第　　号

摘要	会计科目		借方金额								贷方金额								记账
	总账科目	明细科目	十	万	千	百	十	元	角	分	十	万	千	百	十	元	角	分	
附件　张	合　计																		

会计主管：　　　　记账：　　　　出纳：　　　　审核：　　　　制单：

表 2-3-26

记 账 凭 证

年　月　日　　　　　　　　　　　　　　　　字第　　号

摘　要	会计科目		借方金额								贷方金额								记账
	总账科目	明细科目	十	万	千	百	十	元	角	分	十	万	千	百	十	元	角	分	
附件　张	合　计																		

会计主管：　　　　记账：　　　　出纳：　　　　审核：　　　　制单：

表 2-3-27

记 账 凭 证

年　月　日　　　　　　　　　　　　　　　　字第　　号

摘　要	会计科目		借方金额								贷方金额								记账
	总账科目	明细科目	十	万	千	百	十	元	角	分	十	万	千	百	十	元	角	分	
附件　张	合　计																		

会计主管：　　　　记账：　　　　出纳：　　　　审核：　　　　制单：

表 2-3-28

记 账 凭 证

年　月　日　　　　　　　　　　　　　　　　字第　　号

摘　要	会计科目		借方金额								贷方金额								记账
	总账科目	明细科目	十	万	千	百	十	元	角	分	十	万	千	百	十	元	角	分	
附件　张	合　计																		

会计主管：　　　　记账：　　　　出纳：　　　　审核：　　　　制单：

表 2-3-29

记 账 凭 证

年　月　日　　　　　　　　　　　　　　　　　　　字第　　号

摘　要	会计科目		借方金额								贷方金额								记账
	总账科目	明细科目	十	万	千	百	十	元	角	分	十	万	千	百	十	元	角	分	
附件　张	合　计																		

会计主管：　　　　记账：　　　　出纳：　　　　审核：　　　　制单：

表 2-3-30

记 账 凭 证

年　月　日　　　　　　　　　　　　　　　　　　　字第　　号

摘　要	会计科目		借方金额								贷方金额								记账
	总账科目	明细科目	十	万	千	百	十	元	角	分	十	万	千	百	十	元	角	分	
附件　张	合　计																		

会计主管：　　　　记账：　　　　出纳：　　　　审核：　　　　制单：

表 2-3-31

记 账 凭 证

年　月　日　　　　　　　　　　　　　　　　　　　字第　　号

摘　要	会计科目		借方金额								贷方金额								记账
	总账科目	明细科目	十	万	千	百	十	元	角	分	十	万	千	百	十	元	角	分	
附件　张	合　计																		

会计主管：　　　　记账：　　　　出纳：　　　　审核：　　　　制单：

表 2-3-32

记 账 凭 证

年 月 日 　　　　　　　　　　字第 号

摘要	会计科目		借方金额								贷方金额								记账
	总账科目	明细科目	十	万	千	百	十	元	角	分	十	万	千	百	十	元	角	分	
附件　张	合　计																		

会计主管：　　　记账：　　　出纳：　　　审核：　　　制单：

表 2-3-33

记 账 凭 证

年 月 日 　　　　　　　　　　字第 号

摘要	会计科目		借方金额								贷方金额								记账
	总账科目	明细科目	十	万	千	百	十	元	角	分	十	万	千	百	十	元	角	分	
附件　张	合　计																		

会计主管：　　　记账：　　　出纳：　　　审核：　　　制单：

表 2-3-34

记 账 凭 证

年 月 日 　　　　　　　　　　字第 号

摘要	会计科目		借方金额								贷方金额								记账
	总账科目	明细科目	十	万	千	百	十	元	角	分	十	万	千	百	十	元	角	分	
附件　张	合　计																		

会计主管：　　　记账：　　　出纳：　　　审核：　　　制单：

表 2-3-35

记 账 凭 证

年　月　日　　　　　　　　　　　　　　　　　　字第　　号

摘要	会计科目		借方金额								贷方金额								记账
	总账科目	明细科目	十	万	千	百	十	元	角	分	十	万	千	百	十	元	角	分	
附件　张	合　计																		

会计主管：　　　　记账：　　　　出纳：　　　　审核：　　　　制单：

表 2-3-36

现 金 日 记 账

年		凭证		摘要	对方科目	借方	贷方	借或贷	余额
月	日	种类	号数						

表 2-3-37

银 行 存 款 日 记 账

年		凭 证		摘要	对方科目	借 方	贷 方	借或贷	余 额
月	日	种类	号数						

表 2-3-38

应 付 账 款 明 细 账

明细科目：

年		凭 证		摘要	对方科目	借 方	贷 方	借或贷	余 额
月	日	种类	号数						

表 2-3-39

应 付 账 款 明 细 账

明细科目：

年		凭证		摘 要	对方科目	借 方	贷 方	借或贷	余 额
月	日	种类	号数						

表 2-3-40

原 材 料 明 细 账

明细科目：

年		凭证		摘要	对方科目	收 入			发 出			结 存		
月	日	种类	号数			数量	单价	金额	数量	单价	金额	数量	单价	金额

表 2-3-41

原 材 料 明 细 账

明细科目：

年		凭证		摘要	对方科目	收 入			发 出			结 存		
月	日	种类	号数			数量	单价	金额	数量	单价	金额	数量	单价	金额

表 2-3-42

生 产 成 本 明 细 账

明细科目：

年		凭 证		摘 要	借 方				贷 方	余 额
月	日	种类	号数		直接材料	直接人工	制造费用	合 计		

表 2-3-43

生 产 成 本 明 细 账

明细科目：

年		凭 证		摘 要	借 方				贷 方	余 额
月	日	种类	号数		直接材料	直接人工	制造费用	合 计		

表 2-3-44

应 付 账 款 总 账

年		凭 证		摘要	借 方	贷 方	借或贷	余 额
月	日	种类	号数					

表 2-3-45

原 材 料 总 账

年		凭证		摘要	借方	贷方	借或贷	余额
月	日	种类	号数					

表 2-3-46

生 产 成 本 总 账

年		凭证		摘要	借方	贷方	借或贷	余额
月	日	种类	号数					

表 2-3-47

实 收 资 本 总 账

年		凭证		摘要	借方	贷方	借或贷	余额
月	日	种类	号数					

实训四　错账的查找与更正

一、实训目的

通过训练，使学生掌握账簿记录错误更正的基本方法。

二、实训资料

榕新实业有限公司 2019 年 12 月部分凭证及账簿资料如下，年末结账前，请找出差错并采用正确的方法进行更正。

(一)原始凭证

(1) 10 日，办公室职员李丽持支票采购办公用品，取得发票一张，如表 2-4-1 和表 2-4-2 所示。

表 2-4-1

发票代码：035001900399

发票号码：04168618

校验码：67805 14219 24436 07889

开票日期：2019 年 12 月 10 日

购买方	名　　　　称：榕新实业有限公司 纳税人识别号：91350101262235875C 地　址、电　话：仓山区东湖路 86 号 88347839 开户行及账号：工行仓办 36098135736				密码区		(略)			第二联　发票联　购买方记账凭证
	货物或应税劳务、服务名称	规格型号	单位	数量	单价		金额	税率	税额	
	笔记本		本	10	10		97.09	3%	2.91	
	碳素笔		支	20	20		388.35	3%	11.65	
	计算器		台	2	240		466.02	3%	13.98	
	合　　　　计						¥951.46		¥28.54	
	价税合计(大写)	⊗玖佰捌拾元整				(小写)	¥980.00			
销售方	名　　　　称：福州多又好商店 纳税人识别号：91350100705193268C 地　址、电　话：仓山区三高路 1 号 88074288 开户行及账号：中国工商银行股份有限公司福州仓山支行三高储蓄所407858358546				备注					
收款人：吴敏			复核：			开票人：翁安琪			销售方：(章)	

表 2-4-2

```
         中国工商银行(闽)
           转账支票存根
           NO. 02821978
附加信息ˍˍˍˍˍˍˍˍˍˍˍˍˍ
      ˍˍˍˍˍˍˍˍˍˍˍˍˍˍˍˍˍ
      ˍˍˍˍˍˍˍˍˍˍˍˍˍˍˍˍˍ
出票日期 2019 年 12 月 10 日
收款人：福州多又好商店

金    额：¥980.00
用    途：付办公用品费
单位主管ˍˍˍˍ   会 计：李 红
```

(2) 12 日，采购员李倩预借差旅费，经领导批准支付现金 5 000 元。借款单如表 2-4-3 所示。

表 2-4-3

借 款 单

借款日期 2019 年 12 月 12 日

部 门	供应科		借款事由	采购材料
申请借款金额	金额(大写)伍仟元整	现金付讫	¥:5000	
批准金额	金额(大写)伍仟元整		¥:5000	
领 导	林梅	财务主管	刘辉	借款人	李倩

(3) 16 日，收回胜利商厦交来的转账支票一张，归还前欠货款，当日将支票送存银行，已办妥进账手续。进账单如表 2-4-4 所示。

表 2-4-4

(4) 20 日，从银行提取现金备用 5 000 元，签发现金支票。现金支票存根如表 2-4-5 所示。

表 2-4-5

(5) 31日，采用信汇方式预付东方公司材料款 90 000 元。信汇凭证如表 2-4-6 所示。

表 2-4-6

中国工商银行　信汇凭证(回单)

委托日期 *2019* 年 *12* 月 *31* 日

出票人	全称	榕新实业有限公司			收款人	全称		东方公司								
	账号	8976555				账号		303102536								
	汇出地点					汇入地点										
	汇出行名称					汇入行名称										
金额	人民币（大写）	玖万元整				亿	千	百	十	万	千	百	十	元	角	分
									¥	9	0	0	0	0	0	0
					支付密码											
					附加信息及用途：预付货款											
				汇出行签章				复核				记账				

（盖章：工商银行 2019.12.31 转讫）

此联是汇出行给汇款人的回单

(二) 记账凭证

(1) 付款凭证如表 2-4-7 所示。

表 2-4-7

付 款 凭 证

贷方科目：*银行存款*　　　　　2019 年 12 月 10 日　　　　　　　　银付字第 *16* 号

摘　要	借方科目		金　额									记账
	总账科目	明细科目	千	百	十	万	千	百	十	元	角	分
购办公用品	管理费用	办公费					9	8	0	0	0	
附件　张	合　计					¥	9	8	0	0	0	

会计主管：*刘辉*　　记账：*温宏*　　出纳：*于奇*　　复核：*杨新*　　制单：*于奇*

(2) 付款凭证如表 2-4-8 所示。

表 2-4-8

付 款 凭 证

贷方科目：库存现金　　　　　2019年12月12日　　　　　　　现付字第 20 号

摘　要	借方科目		金　额									记账
	总账科目	明细科目	千	百	十	万	千	百	十	元	角	分	
预借差旅费	其他应收款	李倩						5	0	0	0	0	
附件　张	合　计						¥	5	0	0	0	0	

会计主管：刘辉　　　记账：温宏　　　出纳：于奇　　　复核：杨新　　　制单：于奇

(3) 收款凭证如表 2-4-9 所示。

表 2-4-9

收 款 凭 证

借方科目：银行存款　　　　　2019年12月16日　　　　　　　银收字第 23 号

摘　要	贷方科目		金　额									记账
	总账科目	明细科目	千	百	十	万	千	百	十	元	角	分	
收回货款	应付账款	胜利商厦			1	8	0	0	0	0	0	0	
附件　张	合　计			¥	1	8	0	0	0	0	0	0	

会计主管：刘辉　　　记账：温宏　　　出纳：于奇　　　复核：杨新　　　制单：于奇

(4) 付款凭证如表 2-4-10 所示。

表 2-4-10

付 款 凭 证

贷方科目：银行存款　　　　　2019年12月20日　　　　　　　银付字第 50 号

摘　要	借方科目		金　额									记账
	总账科目	明细科目	千	百	十	万	千	百	十	元	角	分	
提取备用金	库存现金							5	0	0	0	0	
附件　张	合　计						¥	5	0	0	0	0	

会计主管：刘辉　　　记账：温宏　　　出纳：于奇　　　复核：杨新　　　制单：于奇

(5) 付款凭证如表 2-4-11 所示。

表 2-4-11

付 款 凭 证

贷方科目：银行存款　　　　2019 年 12 月 31 日　　　　　　　银付字第 80 号

摘　要	借方科目		金　额									记账
	总账科目	明细科目	千	百	十	万	千	百	十	元	角	分	
预付货款	预付账款	东方公司			9	0	0	0	0	0	0		
附件　　张	合　计			￥	9	0	0	0	0	0	0	

会计主管：刘辉　　记账：温宏　　出纳：于奇　　复核：杨新　　制单：于奇

(三)账簿资料

账簿资料如表 2-4-12 至表 2-4-18 所示。

表 2-4-12

银 行 存 款 日 记 账

2019年		凭　证		摘要	对方科目	借　方	贷　方	借或贷	余　额
月	日	种类	号数						
				承前页				借	166900
12	10	银付	16	购办公用品			9800	借	
				(略)					
	16	银收	23	收回货款		18000		借	
				(略)					
	20	银付	50	提取备用金			500	借	
				(略)					
	31	银收	80	预付货款			9000	借	

表2-4-13

库 存 现 金 总 账

2019年		凭证		摘要	借方	贷方	借或贷	余额
月	日	种类	号数					
				承前页			借	4200
12	12	现付	20	预借差旅费		500	借	3700
	20	银付	50	提取备用金	500			

表2-4-14

管 理 费 用 明 细 账

2019年		凭证		摘要	办公费	水电费	其他	合计
月	日	种类	号数					
12	10	银付	16	购办公用品	9800			9800

表2-4-15

其 他 应 收 款 明 细 账

账户名称：李倩

2019年		凭证		摘要	对方科目	借方	贷方	借或贷	余额
月	日	种类	号数						
12	12	现付	20	预借差旅费		500		借	500

表 2-4-16

应 付 账 款 明 细 账

账户名称：胜利商厦

2019年		凭证		摘要	对方科目	借方	贷方	借或贷	余额
月	日	种类	号数						
				承前页				贷	50000
12	16	银收	23	收回货款			18000	贷	

表 2-4-17

预 付 账 款 明 细 账

账户名称：东方公司

2019年		凭证		摘要	对方科目	借方	贷方	借或贷	余额
月	日	种类	号数						
12	31	银付	80	预付货款		90000		借	90000

表 2-4-18

应 收 账 款 明 细 账

账户名称：胜利商厦

2019年		凭证		摘要	对方科目	借方	贷方	借或贷	余额
月	日	种类	号数						
				承前页				贷	90000

三、实训要求

根据以上每一笔交易或事项所填制或取得的原始凭证,检查所填制的记账凭证和依据记账凭证所登记的账户记录是否正确。若有错误,请指出是由于会计记录本身的错误,还是由于记账凭证填错而引起的记录错误,并采用正确的方法进行更正。本实训所需记账凭证如表 2-4-19 至表 2-4-23 所示。

表 2-4-19

付 款 凭 证

贷方科目: 　　　　　　　　　　年　月　日　　　　　　　　　付字第　　号

摘　要	借方科目		金　额										记　账
	总账科目	明细科目	千	百	十	万	千	百	十	元	角	分	
附件　　张	合　计												

会计主管:　　　　记账:　　　　出纳:　　　　审核:　　　　制单:

表 2-4-20

付 款 凭 证

贷方科目: 　　　　　　　　　　年　月　日　　　　　　　　　付字第　　号

摘　要	借方科目		金　额										记　账
	总账科目	明细科目	千	百	十	万	千	百	十	元	角	分	
附件　　张	合　计												

会计主管:　　　　记账:　　　　出纳:　　　　审核:　　　　制单:

表 2-4-21

收 款 凭 证

借方科目：　　　　　　　　　　　　　年　月　日　　　　　　　　　　　收字第　号

摘　要	贷方科目		金　额										记账
	总账科目	明细科目	千	百	十	万	千	百	十	元	角	分	
附件　　张	合　计												

会计主管：　　　　　记账：　　　　　出纳：　　　　　审核：　　　　　制单：

表 2-4-22

收 款 凭 证

借方科目：　　　　　　　　　　　　　年　月　日　　　　　　　　　　　收字第　号

摘　要	贷方科目		金　额										记账
	总账科目	明细科目	千	百	十	万	千	百	十	元	角	分	
附件　　张	合　计												

会计主管：　　　　　记账：　　　　　出纳：　　　　　审核：　　　　　制单：

表 2-4-23

付 款 凭 证

贷方科目：　　　　　　　　　　　　　年　月　日　　　　　　　　　　　付字第　号

摘　要	借方科目		金　额										记账
	总账科目	明细科目	千	百	十	万	千	百	十	元	角	分	
附件　　张	合　计												

会计主管：　　　　　记账：　　　　　出纳：　　　　　审核：　　　　　制单：

实训五 银行存款余额调节表的编制

一、实训目的

通过训练，使学生掌握银行存款余额调节表的编制方法。

二、实训资料

(1) 华闽有限责任公司 2020 年 8 月 21 日至 30 日银行存款日记账和银行对账单如表 2-5-1 和表 2-5-2 所示。

表 2-5-1

银 行 存 款 日 记 账

第　　页

2020年		凭证		摘　要	对方科目	结算凭证		借方	贷方	余额
月	日	字	号			种类	号数			
				以上记录略						665000
8	21	银付		支付差旅费	其他应收款	现支	10785		2000	663000
8	22	银付		提现发薪	库存现金	现支	10786		55000	608000
8	24	银付		办公用品费	管理费用	转支	45761		850	607150
8	26	银收		存销货款	主营业务收入	进账单	7852	11700		618850
8	30	银付		邮电费	管理费用	转支	45726		1250	617600
8	30	银收		存款利息	财务费用	结息单	38976	900		618500
8	30	银收		存押金	其他应付款	进账单	7853	4600		623100

表 2-5-2

银 行 对 账 单

2020年8月3日

2020年		对方科目代号	摘　要	凭证号		借方	贷方	余额
月	日			现金支票	结算凭证			
			以上记录略					665000
8	21	10	现金支票	10785		2000		663000
8	22	10	现金支票	10786		55000		608000
8	25	65	转账支票		45761	850		607150
8	26	10	进账单		7852		11 700	618850
8	30	46	托收承付		47216		11 000	629850
8	30	251	结息单		38976		900	630750
8	30	518	委托收款		36481	21358		609392

三、实训要求

对华闽有限责任公司的银行存款日记账和银行对账单进行逐笔核对，找出未达账项，并编制银行存款余额调节表，如表 2-5-3 所示。

表 2-5-3

银行存款余额调节表

2020 年 8 月 30 日

项　目	金额/元	项　目	金额/元
银行存款日记账余额		银行对账单余额	
加：银行已收企业未收的款项		加：企业已收银行未收的款项	
减：银行已付企业未付的款项		减：企业已付银行未付的款项	
调整后余额		调整后余额	

实训六　资产负债表和利润表的编制

一、实训目的

通过训练，使学生在充分理解资产负债表和利润表理论的基础上，熟练掌握资产负债表、利润表的基本结构和编制原理，学会资产负债表和利润表的编制方法。

二、实训资料

(一)资产负债表

福州京华厂为企业一般纳税人，适用税率为 13%，所得税税率为 25%。2018 年 12 月 31 日资产负债如表 2-6-1 所示。2019 年 12 月末有关账户余额如表 2-6-2 所示。

表 2-6-1

2018 年 12 月 31 日资产负债表

资　产	金　额	负债和所有者权益	金　额
货币资金	2 630 000	短期借款	250 000
应收票据	189 000	应付票据	180 000
应收账款	319 800	应付账款	828 800
存货	3 210 000	应付职工薪酬	220 000
长期股权投资	190 000	应交税费	40 000
固定资产原值	1 700 000	长期借款	600 000
累计折旧	600 000	实收资本	6 400 000
在建工程	900 000	盈余公积	210 000
无形资产	300 000	未分配利润	110 000
合　计	8 838 800	合　计	8 838 800

表 2-6-2

2019 年 12 月末有关账户余额

账户名称	总账余额	所属明细账	账户名称	总账余额	所属明细账
库存现金	1 400		短期借款	880 000	
银行存款	2 870 000		应交税费	380 000	
交易性金融资产	50 000		应付职工薪酬	400 000	
应收账款	230 000		应付账款	380 000	
其中：借方余额合计		250 000	其中：贷方余额合计		500 000
贷方余额合计		20 000	借方余额合计		120 000
预付账款	30 000		预收账款	30 000	
其中：借方余额合计		40 000	其中：贷方余额合计		70 000
贷方余额合计		10 000	借方余额合计		40 000
应收票据	234 000		应付票据	190 000	
原材料	300 000		长期借款	2 950 000	
生产成本	120 000		其中：一年内到期的非流动负债	950 000	
库存商品	328 000		实收资本	3 440 000	
长期股权投资	2 000 000		盈余公积	600 000	
固定资产	2 580 000		利润分配	203 400	
累计折旧	-400 000				
在建工程	800 000				
无形资产	310 000				
合　计	9 453 400		合　计	9 453 400	

(二)利润表

福州京华厂 2019 年损益类科目"本年累计数"资料如表 2-6-3 所示。

表 2-6-3

损益类科目本年累计数

会计科目	借方发生额	贷方发生额
主营业务收入		5 200 000
主营业务成本	2 760 000	
销售费用	151 000	
税金及附加	36 500	
其他业务收入		62 000
其他业务成本	33 500	
管理费用	820 000	
财务费用	120 000	
投资收益		460 000
营业外收入		399 000
营业外支出	300 000	

三、实训要求

(1) 认真学习并掌握会计报表的编制方法，熟悉账户的填列。

(2) 根据所给资料编制资产负债表。

(3) 根据所给资料编制利润表(损益表)。

本实训所需资料如表 2-6-4 和表 2-6-5 所示。

表 2-6-4

资产负债表

会企 01 表

编制单位：　　　　　　　　　　　　　年　月　日　　　　　　　　　　　　　单位：元

资　产	期末余额	年初余额	负债和所有者权益	期末余额	年初余额
流动资产：			流动负债：		
货币资金			短期借款		
交易性金融资产			交易性金融负债		
衍生金融资产			衍生金融负债		
应收票据			应付票据		
应收账款			应付账款		
应收款项融资			预收款项		
预付款项			合同负债		
其他应收款			应付职工薪酬		
存货			应交税费		
合同资产			其他应付款		
持有待售资产			持有待售负债		
一年内到期的非流动资产			一年内到期的非流动负债		
其他流动资产			其他流动负债		
流动资产合计			流动负债合计		
非流动资产：			非流动负债：		
债权投资			长期借款		
其他债权投资			应付债券		
长期应收款			其中：优先股		
长期股权投资			永续债		
其他权益工具投资			租赁负债		
其他非流动金融资产			长期应付款		
投资性房地产			预计负债		
固定资产			递延收益		
在建工程			递延所得税负债		
生产性生物资产			其他非流动负债		
油气资产			非流动负债合计		
使用权资产			负债合计		
无形资产			所有者权益(或股东权益)：		
开发支出			实收资本(或股本)		
商誉			其他权益工具		
长期待摊费用			其中：优先股		
递延所得税资产			永续债		
其他非流动资产			资本公积		
非流动资产合计			减：库存股		
			其他综合收益		
			专项储备		
			盈余公积		
			未分配利润		
			所有者权益(或股东权益)合计		
资产总计			负债和所有者权益(或股东权益)合计		

单位负责人：　　　　　　　财务负责人：　　　　　　　复核：　　　　　　　制表：

表 2-6-5

利 润 表

会企02表

编制单位：　　　　　　　　　　　　　　　　年　　　　　　　　　　　　　　　　单位：元

项　　目	本期金额	上期金额
一、营业收入		
减：营业成本		
税金及附加		
销售费用		
管理费用		
研发费用		
财务费用		
其中：利息费用		
利息收入		
加：其他收益		
投资收益(损失以"-"号填列)		
其中：对联营企业和合营企业的投资收益		
以摊余成本计量的金融资产终止确认收益(损失以"-"号填列)		
净敞口套期收益(损失以"-"号填列)		
公允价值变动收益(损失以"-"号填列)		
信用减值损失(损失以"-"号填列)		
资产减值损失(损失以"-"号填列)		
资产处置收益(损失以"-"号填列)		
二、营业利润(亏损以"-"号填列)		
加：营业外收入		
减：营业外支出		
三、利润总额(亏损总额以"-"号填列)		
减：所得税费用		
四、净利润(净亏损以"-"号填列)		
(一)持续经营净利润(净亏损以"-"号填列)		
(二)终止经营净利润(净亏损以"-"号填列)		
五、其他综合收益的税后净额		
(一)不能重分类进损益的其他综合收益		
1.重新计量设定受益计划变动额		
2.权益法下不能转损益的其他综合收益		
3.其他权益工具投资公允价值变动		
4.企业自身信用风险公允价值变动		
……		
(二)将重分类进损益的其他综合收益		
1.权益法下可转损益的其他综合收益		
2.其他债权投资公允价值变动		
3.金融资产重分类计入其他综合收益的金额		
4.其他债权投资信用减值准备		
5.现金流量套期储备		
6.外币财务报表折算差额		
……		
六、综合收益总额		
七、每股收益		
(一)基本每股收益		
(二)稀释每股收益		

单位负责人：　　　　　　财务负责人：　　　　　　复核：　　　　　　制表：

项目三 基础会计综合模拟实训

一、实训目的

通过训练,使学生在系统掌握会计理论和账务处理技能的基础上,比较系统地练习企业会计核算的基本程序和具体方法,掌握会计凭证、会计账簿和会计报表的编制原理,提高会计技能,形成会计责任观念,为以后参加财会工作打下扎实的基础。

二、实训资料

(一)企业基本情况

企业名称:福州宏达有限公司
单位地址:福州仓山区先锋路 50 号
单位电话:0591-88346125
基本存款账户开户行:中国工商银行福州支行仓山办事处
账号:36002186796
纳税人识别号:91350101260750588C,为增值税一般纳税人,税率为 13%。

(二)企业的核算要求

(1) 福州宏达有限公司(以下简称宏达公司)采用科目汇总表账务处理程序,科目汇总表每月汇总一次,汇总后登记总账。

(2) 宏达公司库存现金限额为 5 000 元。

(三)宏达公司 2019 年 12 月初各总账及明细账期初资料

(1) 账户余额如表 3-1-1 所示。

表 3-1-1

账 户 余 额 表

总账科目	二级及明细账户	借 方 金 额		贷 方 金 额	
		总账余额	明细账余额	总账余额	明细账余额
库存现金		1 800.00			
	现金日记账		1 800.00		
银行存款		445 800.00			
	银行存款日记账		445 800.00		
应收票据		30 000.00			
	永兴公司		30 000.00		
应收账款		45 000.00			
	永兴公司		25 000.00		
	腾达公司		20 000.00		

续表

总账科目	二级及明细账户	借方金额		贷方金额	
		总账余额	明细账余额	总账余额	明细账余额
预付账款		10 000.00			
	荣昌公司		10 000.00		
其他应收款		1 670.00			
	张军		1 670.00		
原材料		166 000.00			
	A 材料		100 000.00		
	B 材料		66 000.00		
库存商品		170 000.00			
	Ⅰ号产品		120 000.00		
	Ⅱ号产品		50 000.00		
周转材料		20 000.00			
	低值易耗品		15 000.00		
	包装物		5 000.00		
生产成本		4 735.00			
	Ⅰ号产品		2 235.00		
	Ⅱ号产品		2 500.00		
固定资产		1 500 000.00			
累计折旧				130 800.00	130 800.00
短期借款				100 000.00	
	工业生产周转借款				100 000.00
应付票据				15 000.00	
	兴旺公司				15 000.00
应付账款				28 000.00	
	兴旺公司				13 000.00
	光华公司				15 000.00
预收账款				10 000.00	
	红星公司				10 000.00
其他应付款				2 400.00	
	大丰公司				2 400.00
应付职工薪酬				101 000.00	
	职工薪酬				100 000.00
	职工福利				1 000.00

续表

总账科目	二级及明细账户	借方金额		贷方金额	
		总账余额	明细账余额	总账余额	明细账余额
应交税费				41 986.00	
	应交城建税				2 328.20
	未交增值税				33 260.00
	教育费附加				997.80
	应交所得税				5 400.00
应付利息				4 000.00	4 000.00
实收资本				1 300 000.00	
	荣兴公司				700 000.00
	新华公司				600 000.00
资本公积				5 000.00	
	其他资本公积				5 000.00
盈余公积				88 019.00	
	法定盈余公积				88 019.00
利润分配				28 800.00	
	提取法定盈余公积		0		
	应付利润				
	未分配利润				28 800.00
本年利润				540 000.00	540 000.00
合　计		2 395 005.00		2 395 005.00	

(2) 原材料明细账如表 3-1-2 所示。

表 3-1-2

原材料明细账

品 名		规 格	单 位	数 量	单 价	金 额
原料及主要材料	A 材料		千克	5 000	20.00	100 000.00
	B 材料		千克	13 200	5.00	66 000.00
合 计						166 000.00

(3) 库存商品明细账如表 3-1-3 所示。

表 3-1-3

库存商品明细账

产品名称	规 格	单 位	数 量	单位成本	金 额
Ⅰ 号产品		件	4 000	30	120 000.00
Ⅱ 号产品		件	5 000	10	50 000.00
合 计					170 000.00

(4) 生产成本明细账如表 3-1-4 所示。

表 3-1-4

生产成本明细账

产品名称	月初结存(数量)	成本项目			
		直接材料	直接人工	制造费用	合 计
Ⅰ 号产品	100 件	1 050	930	255	2 235.00
Ⅱ 号产品	600 件	890	1 150	460	2 500.00
合计		1 940	2 080	715	4 735.00

(5) 2019 年 12 月产品产量有关资料如表 3-1-5 所示。

表 3-1-5

产品产量有关资料表

项目	月初在产品	本月投产	本月完工	月末在产品	完工情况
Ⅰ 号产品	100	6 500	6 600		全部完工
Ⅱ 号产品	600	7 500	7 450	650	部分未完工

(四)12月份发生的经济业务

(1) 1日，从银行提取现金备用5 000元，签发现金支票。现金支票存根如表3-1-6所示。

表3-1-6

(2) 1日，办公室职工陈佳预借差旅费3 000元，用现金支付。借款单如表3-1-7所示。

表3-1-7

借 款 单
2019年12月1日

部　　门	姓　　名	借款金额	批准金额	备　　注
办公室	陈佳	3000.00	3000.00	
借款金额(大写)人民币叁仟元整				
借款事由	出差借款	归还时间		

批准人：　　　　　单位负责人：　　　　会计：李娜　　出纳：张兰

(3) 2 日，以现金 406.80 元购买办公用品。增值税普通发票如表 3-1-8 所示。

表 3-1-8

发票代码：035001900104

发票号码：04168618

校验码：67805 14219 24436 07694　　　　　　　　开票日期：2019 年 12 月 4 日

购买方	名　　　称	福州宏达有限公司							密码区	(略)		第二联 发票联 购买方记账凭证
	纳税人识别号	91350101260750588C										
	地　址、电　话	仓山区先锋路 50 号　88346135										
	开户行及账号	工行仓办 36002186796										
货物或应税劳务、服务名称		规格型号	单位	数量	单价		金额		税率		税额	
文件夹			个	13	15.15		196.95		3%		5.91	
笔记本			本	20	5.50		110.00		3%		3.30	
墨水笔			支	44	2.00		88.00		3%		2.64	
合　　计							¥394.95				¥11.85	
价税合计(大写)		⊗肆佰零陆元捌角整				(小写)　¥406.80						
销售方	名　　　称	福州多又好商店							备注	(发票专用章)		
	纳税人识别号	91350100705193268C										
	地　址、电　话	仓山区三高路 1 号　88074288										
	开户行及账号	中国工商银行股份有限公司福州仓山支行三高储蓄所 40785835 8546										

收款人：　　　　复核：　　　　开票人：郑小红　　　　销售方：(章)

(4) 3日，收到新华公司追加的投资120 000元，存入银行，从而使新华公司和荣兴公司投入相同比例资本，资本溢价20 000元。银行进账单如表3-1-9所示。

表3-1-9

(5) 4日，从兴旺公司购入A材料4 000千克，单价20元，价款80 000元，增值税税额10 400元，开出转账支票支付。转账支票存根如表3-1-10所示，增值税专用发票如表3-1-11所示。

表3-1-10

表 3-1-11

发票代码: 3500184140

发票号码: 04763813

开票日期: 2019 年 12 月 4 日

购买方	名　　　称: 福州宏达有限公司 纳税人识别号: 91350101260750588C 地　址、电　话: 仓山区先锋路 50 号　88346135 开户行及账号: 工行仓办 36002186796	密码区	(略)

货物或应税劳务、服务名称	规格型号	单位	数量	单价	金额	税率	税额
A 材料		千克	4 000	20.00	80 000.00	13%	10 400.00
合　　　计					¥ 80 000.00		¥ 10 400.00

价税合计(大写)	⊗玖万零肆佰元整	(小写) ¥ 90 400.00

销售方	名　　　称: 福州市兴旺有限公司 纳税人识别号: 91350101260750851C 地　址、电　话: 台江区 22 号　88034228 开户行及账号: 中国银行台江支行 3623068032	备注	

收款人:　　　　复核:　　　　开票人: 李　宽　　　　销售方: (章)

(6) 4日，从光华公司购入B材料6 000千克，单价5元，价款30 000元，增值税税额3 900元，款项未付。增值税专用发票如表3-1-12所示。

表3-1-12

福建增值税专用发票

发票代码：3500183140
发票号码：05120036
开票日期：2019年12月4日

购买方	名　　　称：福州宏达有限公司 纳税人识别号：91350101260750588C 地　址、电　话：仓山区先锋路50号　88346135 开户行及账号：工行仓办 36002186796	密码区	（略）	第二联 发票联 购买方记账凭证

货物或应税劳务、服务名称	规格型号	单位	数量	单价	金额	税率	税额
B材料		千克	6 000	5.00	30 000.00	13%	3 900.00
合　　　计					￥30 000.00		￥3 900.00

价税合计(大写)	⊗叁万叁仟玖佰元整	（小写）￥33 900.00

销售方	名　　　称：福州市光华有限公司 纳税人识别号：91350101260750863Y 地　址、电　话：台江区广达路5号　87791325 开户行及账号：中国银行台江支行 3623067741	备注	（章）

收款人：　　　　　复核：　　　　　开票人：赵小薇　　　　　销售方：（章）

---

(7) 5日，4日购买的A、B材料全部验收入库。收料单如表3-1-13所示。

表3-1-13

收　料　单

供货单位：兴旺公司、光华公司　　　　　　　　　　　凭证编号：1201
发票编号：0012483508　　　2019年12月5日　　　收料仓库：材料库

材料类别	编号	名称及规格	计量单位	数量		单价	金额								备注
				应收	实收		总价								
							百	十	万	千	百	十	元	角	分
原材料		A材料		4 000	4 000	20		8	0	0	0	0	0	0	
		B材料		6 000	6 000	5		3	0	0	0	0	0	0	
合　　计						￥	1	1	0	0	0	0	0	0	

部门主管：李浩　　记账：刘梅　　验收：丁一平　　采购：陈诚

(8) 6日，以银行存款支付亿万广告公司广告宣传费 21 200 元。发票如表 3-1-14 所示，转账支票存根如表 3-1-15 所示。

表 3-1-14

福建增值税专用发票

发票代码：3500195140
发票号码：06862216
开票日期：2019 年 12 月 6 日

购买方	名称：福州宏达有限公司 纳税人识别号：91350101260750588C 地址、电话：仓山区先锋路 50 号 88346135 开户行及账号：工行仓办 36002186796	密码区	（略）

货物或应税劳务、服务名称	规格型号	单位	数量	单价	金额	税率	税额
现代服务业*广告制作		次	1		20 000.00	6%	1 200.00
合　　计					￥20 000.00		￥1 200.00

价税合计（大写）	⊗贰万壹仟贰佰元整	（小写） ￥21 200.00	
销售方	名称：福州市亿万广告有限公司 纳税人识别号：91350007X123547229 地址、电话：晋安区王庄路 5 号 88031328 开户行及账号：中国银行台江支行 3623067741	备注	

收款人：　　　　复核：　　　　开票人：李莉　　　　销售方：（章）

表 3-1-15

中国工商银行(闽)
转账支票存根
NO.000202

附加信息

出票日期 2019 年 12 月 6 日
收款人：亿万公司
金　额：￥21200.00
用　途：支付广告费
单位主管　　会计：李娜

(9) 6日，陈佳报销差旅费 2 950 元，余款退回现金 50 元。差旅费报销单如表 3-1-16 所示。相关凭证如图 3-1-1、表 3-1-17 至表 3-1-19 所示。

表 3-1-16

差 旅 费 报 销 单

2019年 12月 6日

部门			办公室			出差人		陈佳		出差事由			会议培训	
起讫日期						地点		车船费		住宿费		补助费		其他金额	结账记录
月	日	时	月	日	时	起	迄	人数	金额	天数	金额	天数	伙食补助		预借旅费：*3000* 共报销 *2950*，其中进项税额 *114.05* (=485×2÷(1+9%) ×9%+33.96) 退回预借旅费：*50* 补给旅费：___ 附件张数：*5*
12	2		12	5		福州	郑州	1	970	3	600	3	180	1200	
					合	计			970		600		180	1200	

总计报销金额(大写)人民币 *贰仟玖佰伍拾元整*　　　　　　　　¥*2950.00*

单位负责人：*刘大成*　　　　部门负责人：*李 浩*　　　　报销人：*陈 佳*

图 3-1-1　火车票

表 3-1-17

发票代码：041001900304

发票号码：02626502

校验码：4999 1996 9250　　　　　　　　　　　开票日期：2019 年 12 月 5 日

购买方	名　　称：福州宏达有限公司 纳税人识别号：91350101260750588C 地　址、电　话：仓山区先锋路 50 号　88346135 开户行及账号：工行仓办　36002186796	密码区	（略）			第二联 发票联 购买方记账凭证
货物或应税劳务、服务名称	规格型号	单位次	数量	单价	金额	税率	税额
培训费			1		1 165.05	3%	34.95
合　　计					￥1 165.05		￥34.95
价税合计(大写)	⊗壹仟贰佰元整			(小写) ￥1 200.00		
销售方	名　　称：河南优才技术培训有限公司 纳税人识别号：914100911973040322 地　址、电　话：濮阳市黄河路 8 号　0393-6920088 开户行及账号：建行濮阳支行营业部　4100158250205661	备注				

收款人：　　　　　复核：　　　　　开票人：李欣　　　　　销售方：(章)

表 3-1-18

河南增值税专用发票

发票代码：4100193140
发票号码：06862216
开票日期：2019 年 12 月 5 日

购买方	名　　　称：福州宏达有限公司 纳税人识别号：91350101260750588C 地 址、电 话：仓山区先锋路 50 号　88346135 开户行及账号：工行仓办　36002186796	密码区	（略）

货物或应税劳务、服务名称	规格型号	单位	数量	单价	金额	税率	税额
生活服务*住宿服务		次	1		566.04	6%	33.96
合　　　　计					¥566.04		¥33.96

价税合计(大写)	⊗陆佰元整	(小写) ¥600.00

销售方	名　　　称：河南万豪酒店有限公司 纳税人识别号：914100911973040668 地 址、电 话：濮阳市黄河路 9 号　0393-6928808 开户行及账号：建行濮阳支行营业部　4100158250207886	备注	

收款人：　　　　复核：　　　　开票人：陈 晓　　　　销售方：(章)

表 3-1-19

宏达公司收据

今收到	陈佳	
人民币(大写)	伍拾元整	
收款事由：报销余款		
会计	李 娜	出纳	张 兰	经手人	陈 佳

(10) 7日，生产车间为生产Ⅰ号产品领用A材料6 000千克，单价20元；生产Ⅱ号产品领用B材料7 000千克，单价5元，车间一般耗用领用劳保用品2 000元，管理部门领用劳保用品1 000元，均采用一次计入方法进行摊销。领料单如表3-1-20和表3-1-21所示。

表3-1-20

领 料 单

领料单位：一车间、二车间　　　　　2019年12月7日　　　　　　　　　编号：1201

材料种类	材料编号	材料名称	规格	计量单位	数量		单价	金　　额								领料用途
					请领数量	实发数量		百	十	万	千	百	十	元	角	分	
		A材料		千克	6000	6000	20		1	2	0	0	0	0	0	0	生产Ⅰ号产品
		B材料		千克	7000	7000	5			3	5	0	0	0	0	0	生产Ⅱ号产品
合　计								¥	1	5	5	0	0	0	0	0	

部门主管：李 浩　　　记账：刘 梅　　　验收：王志强　　　领料：张大伟

表3-1-21

领 料 单

领料单位：车间、行政部门　　　　　2019年12月7日　　　　　　　　　编号：1202

材料种类	材料编号	材料名称	规格	计量单位	数量		单价	金　　额								领料用途
					请领数量	实发数量		百	十	万	千	百	十	元	角	分	
		劳保用品		套	10	10	200				2	0	0	0	0	0	车间一般消耗
		劳保用品		套	5	5	200				1	0	0	0	0	0	行政部门
合　计								¥			3	0	0	0	0	0	

部门主管：李 浩　　　记账：刘 梅　　　验收：王志强　　　领料：张大伟

(11) 7日，销售给腾达公司Ⅱ号产品3 000件，单价30元，价款90 000元，增值税税额11 700元，款项未收。增值税专用发票如表3-1-22所示。

表3-1-22

福建

发票代码：3500194130
发票号码：06120058
开票日期：2019年12月7日

购买方	名　　　称：厦门腾达有限公司 纳税人识别号：91361001260680758C 地　址、电　话：海沧区马青路18号　5560323 开户行及账号：交通银行福州杨桥支行　35100821001801003493	密码区	（略）	第一联记账联销售方记账凭证
货物或应税劳务、服务名称	规格型号	单位	数量	单价	金额	税率	税额	
Ⅱ号产品		件	3000	30	90 000.00	13%	11 700.00	
合　　　计					￥90 000.00		￥11 700.00	
价税合计(大写)	⊗壹拾万零壹仟柒佰元整				（小写）　￥101 700.00			
销售方	名　　　称：福州宏达有限公司 纳税人识别号：91350101260750588C 地　址、电　话：仓山区先锋路50号　88346135 开户行及账号：工行仓办　36002186796	备注	（发票专用章）	

收款人：　　　　复核：　　　　开票人：刘梅　　　销售方：(章)

(12) 7日，销售给永兴公司Ⅰ号产品2 500件，单价60元，价款150 000元，增值税税额19 500元，款项存入银行。进账单如表3-1-23所示，增值税专用发票如表3-1-24所示。

表3-1-23

中国工商银行 进账单(收账通知)

2019年12月7日

出票人	全称	永兴公司	收款人	全称	宏达公司	此联是收款人开户银行交给收款人的收账通知不作为提货依据
	账号	18759800213		账号	36002186796	
	开户银行	工行晋办		开户银行	工行仓办	
金额	人民币(大写)	壹拾陆万玖仟伍佰元整	亿千百十万千百十元角分 ¥ 1 6 9 5 0 0 0 0			
票据种类	支票	票据张数	1	工行仓办 转讫		
票据号码		30567123				
备注：						
	复核		记账		开户行签章	

表3-1-24

发票代码：3500194130
发票号码：06120059
开票日期：2019年12月7日

购买方	名称：	厦门永兴有限公司	密码区			(略)			第一联 记账联 销售方记账凭证
	纳税人识别号：	91361001260680553C							
	地址、电话：	集美区杏林村26号 5521668							
	开户行及账号：	工商银行集美支行 18759800213							
货物或应税劳务、服务名称	规格型号	单位	数量	单价	金额		税率	税额	
Ⅰ号产品		件	2 500	60	150 000.00		13%	19 500.00	
合 计					¥150 000.00			¥19 500.00	
价税合计(大写)		⊗壹拾陆万玖仟伍佰元整			(小写) ¥169 500.00				
销售方	名称：	福州宏达有限公司	备注						
	纳税人识别号：	91350101260750588C							
	地址、电话：	仓山区先锋路50号 88346135							
	开户行及账号：	工行仓办 36002186796							

收款人： 复核： 开票人：刘梅 销售方：(章)

(13) 7日，结转已销售Ⅰ号、Ⅱ号产品的销售成本。出库单如表 3-1-25 所示。

表 3-1-25

出 库 单

单位：宏达公司　　　　　　2019年 12月 7日　　　　　　　字第 12001 号

品　名	单位	数量	单价	金　额								用　途	附单据张
				百	十	万	千	百	十	元	角	分		
Ⅰ号产品	件	2500	30			7	5	0	0	0	0	0	销售	
Ⅱ号产品	件	3000	10			3	0	0	0	0	0	0	销售	
合　计				¥	1	0	5	0	0	0	0	0		

部门主管：李浩　　　记账：刘梅　　　验收：王志强　　　领料：王志强

- ✂ - - - - -

(14) 8日，永兴公司的商业汇票到期，收到转账支票一张，金额 30 000 元，已办妥进账手续。进账单如表 3-1-26 所示。

表 3-1-26

中国工商银行　进账单(收账通知)

2019年 12月 8日

出票人	全　称	福州宏达有限公司	收款人	全　称	福州永兴有限公司	此联是收款人开户银行交给收款人的收账通知不作为提货依据
	账　号	36002186796		账　号	18759800213	
	开户银行	工行仓办		开户银行	工行晋办	

金额	人民币(大写)	叁万元整	亿	千	百	十	万	千	百	十	元	角	分
							¥	3	0	0	0	0	0

票据种类	转账支票	票据张数	1
票据号码			
备注：			

　　　　复核　　　　　　记账　　　　　　　　　　开户行签章

工行仓办
转讫

(15) 10 日，从银行提取现金 80 000 元，备发工资。现金支票存根如表 3-1-27 所示。

表 3-1-27

(16) 10 日，以现金 50 000 元发放职工工资。工资结算汇总表如表 3-1-28 所示。

表 3-1-28

工 资 结 算 汇 总 表

2019 年 12 月 10 日

车间部门	人员类别	应发工资					代扣款项			实发工资
		计时工资	计件工资	奖金	津贴	应发工资	社保费 10%	住房公积金 10%	合计	
基本生产车间	I 号产品生产工人			略		50 000	5 000	5 000	10 000	40 000
	II 号产品生产工人					25 000	2 500	2 500	5 000	20 000
	管理人员					5 000	500	500	1 000	4 000
企业管理人员						20 000	2 000	2 000	4 000	16 000
合 计						100 000	10 000	10 000	20 000	80 000

制表人：刘 梅

(17) 10日，缴纳上月未交增值税、城市维护建设税及教育费附加。电子缴税(费)凭证如表 3-1-29～表 3-1-31 所示。

表 3-1-29

福建省税库行横向联网电子缴税(费)凭证

征收机关：	国家税务总局福州市仓山区税务局				
收款国库：	仓山区国库	填发日期：20191210		电子缴税号：	
纳税人识别码(电脑编码)		纳税人账户：福州宏达有限公司			
纳税人名称：	福州宏达有限公司	纳税人账号：36002186796			
缴款书限缴期：	20191210	纳税人开户银行：中国工商银行福州支行仓山办事处			
缴款书销号	预算科目	级次	金额	税种税目	
××××××××	×××××		13 260	增值税	
纳税金额：叁万叁仟贰佰陆拾零元零角零分			小写：¥33260.00		
上列款项已划缴。扣款日期：20191210		税款所属期：20191101—20191130			
银行盖章：		经办：			
打印次数：1				打印日期：2019.12.12	
备注：1. 该凭证一式二联，一联为商业银行的付款凭证，一联为纳税人回单。 2. 划缴国税机关征收款项时打印纳税人识别码，划缴地税机关征收款项时打印纳税人电脑编码。					

表 3-1-30

福建省税库行横向联网电子缴税(费)凭证

征收机关：	国家税务总局福州市仓山区税务局				
收款国库：	仓山区国库	填发日期：20191210		电子缴税号：	
纳税人识别码(电脑编码)		纳税人账户：福州宏达有限公司			
纳税人名称：	福州宏达有限公司	纳税人账号：36002186796			
缴款书限缴期：	20191210	纳税人开户银行：中国工商银行福州支行仓山办事处			
缴款书销号	预算科目	级次	金额	税种税目	
××××××××	×××××		928.2	城建税	
纳税金额：贰仟叁佰贰拾捌元贰角零分			小写：¥2328.20		
上列款项已划缴。扣款日期：20191210		税款所属期：20191101—20191130			
银行盖章：		经办：			
打印次数：1				打印日期：2019.12.12	
备注：1. 该凭证一式二联，一联为商业银行的付款凭证，一联为纳税人回单。 2. 划缴国税机关征收款项时打印纳税人识别码，划缴地税机关征收款项时打印纳税人电脑编码。					

表 3-1-31

福建省税库行横向联网电子缴税(费)凭证

征收机关: 国家税务总局福州市仓山区税务局			
收款国库: 仓山区国库	填发日期: 20191210		电子缴税号:
纳税人识别码(电脑编码)		纳税人账户: 福州宏达有限公司	
纳税人名称: 福州宏达有限公司		纳税人账号: 36002186796	
缴款书限缴期: 20191210		纳税人开户银行: 中国工商银行福州支行仓山办事处	
缴款书销号	预算科目	级次	金额	税种税目
××××××××	×××××		397.8	教育费附加
纳税金额: 玖佰玖拾柒元捌角零分			小写: ¥997.80	
上列款项已划缴。扣款日期: 20191210		税款所属期: 20191101—20191130		

银行盖章: 工行仓办 转讫   经办:

打印次数: 1   打印日期: 2019.12.12

备注: 1. 该凭证一式二联, 一联为商业银行的付款凭证, 一联为纳税人回单。
　　　2. 划缴国税机关征收款项时打印纳税人识别码, 划缴地税机关征收款项时打印纳税人电脑编码。

--✂

(18) 14 日, 接到银行通知, 偿还前欠光华公司货款 15 000 元。委托收款凭证如表 3-1-32 所示。

表 3-1-32

委 托 收 款 凭 证(付款通知)

委托日期: *2019 年 12 月 10 日*　　　　付款期限 *2019 年 12 月 20 日*

付款人	全 称	福州宏达有限公司	收款人	全 称	福州光华有限公司
	账 号	36002186796		账 号	160028876492
	开户银行	工行仓办		开户银行	中国银行

委托金额	人民币(大写)	壹万伍仟元整	千	百	十	万	千	百	十	元	角	分
					¥	1	5	0	0	0	0	0

款项内容		委托收款凭据名称	附寄单证张数

备注	工行仓办 转讫	上列款项: 1. 已全部划回收入你方账户。 2. 已收回部分款项收入你方账户。 3. 全部未收到。 收款人开户行盖章

单位主管　　会计　　复核　　记账　　付款人开户行收到日期 *2019 年 12 月 10 日*
　　　　　　　　　　　　　　　　　　　　支付日期 *2019 年 12 月 11 日*

此联付妥后给付款人的付账通知 付款人开户行在款项

(19) 16 日，以银行存款支付众诚公司包装物押金 600 元。转账支票存根如表 3-1-33 所示。

表 3-1-33

(20) 18 日，向红星公司发出 I 号产品 1 400 件、II 号产品 1 800 件，冲销前已预收款项 10 000 元，余款收到转账支票一张，存入银行。进账单如表 3-1-34 所示，增值税专用发票如表 3-1-35 所示。

表 3-1-34

中国工商银行　进账单(收账通知)

2019 年 12 月 18 日

出票人	全称	福州宏达有限公司	收款人	全称	福州红星有限公司	此联是收款人开户银行交给收款人的收账通知不作为提货依据
	账号	36002186796		账号	225368700478	
	开户银行	工行仓办		开户银行	工行晋办	
金额	人民币(大写)	壹拾肆万伍仟玖佰肆拾元整	亿 千 百 十 万 千 百 十 元 角 分 ¥ 1 4 5 9 4 0 0 0			
票据种类	转账支票	票据张数	1			
票据号码						
备注：						
复核　　　　　记账			开户行签章			

表 3-1-35

福建增值税专用发票

发票代码：3500194130
发票号码：06120060
开票日期：2019 年 12 月 18 日

购买方	名　　称：福州红星有限公司 纳税人识别号：91350100717858428Y 地　址、电　话：晋安区长乐路 6 号　88084498 开户行及账号：工商银行晋安支行　225368700478	密码区	（略）

货物或应税劳务、服务名称	规格型号	单位	数量	单价	金额	税率	税额
Ⅰ号产品		件	1 400	60	84 000	13%	10 920.00
Ⅱ号产品		件	1 800	30	54 000	13%	7 020.00
合　计					¥ 138 000.00		¥ 17 940.00
价税合计(大写)		⊗壹拾伍万伍仟玖佰肆拾元整			（小写）	¥155 940.00	

销售方	名　　称：福州宏达有限公司 纳税人识别号：91350101260750588C 地　址、电　话：仓山区先锋路 50 号　88346135 开户行及账号：工行仓办　36002186796	备注	（章）

收款人：　　　　复核：　　　　开票人：刘梅　　　　销售方：(章)

- ✂ - - - - - -

(21) 18 日，结转已销售Ⅰ号、Ⅱ号产品的销售成本。出库单如表 3-1-36 所示。

表 3-1-36

出 库 单

单位：宏达公司　　　　2019 年 12 月 16 日　　　　字 12002 号

品　名	单位	数量	单价	金　额							用途
				十	万	千	百	十	元	角	分	
Ⅰ号产品	件	1400	30		4	2	0	0	0	0	0	销售
Ⅱ号产品	件	1800	10		1	8	0	0	0	0	0	销售
合　计				¥	6	0	0	0	0	0	0	

部门主管：李浩　　　　记账：刘梅　　　　验收：王志强　　　　领料：王志强

附单据　　张

(22) 20 日，以银行存款支付本月电话费 2 500 元。转账支票存根如表 3-1-37 所示，通用机打发票如表 3-1-38 所示。

表 3-1-37

表 3-1-38

(23) 26日，以现金支付职工生活困难补助1 000元。困难补助申请表如表3-1-39所示。

表3-1-39

职工生活困难补助申请表

2019年 12月 26日

姓名	李照	性别	男	年龄	57	现住址	仓山区上渡路60号	
全家人口	5口	本人月工资收入	3600元	家属本月收入		1500元	月平均生活费	3000元
申请补助详细理由			(略)			申请金额 1000元 （盖章）		
生活委员会批准意见		车间意见		班组意见		收到职工困难补助金		
同意		同意		同意		人民币(大写)壹仟元整 领取人：李 照		

会计：李 娜   出纳：张 兰

---

(24) 27日，公司因消防检查不合格，受到当地消防局的罚款500元，用现金支付。收据如表3-1-40所示。

表3-1-40

非税收入一般缴款书(收据)4

NO.46667890

执收单位编码：3501913578

填制日期 2019年 12月 27日   组织机构代码：350151633

付款人	全 称	福州宏达有限公司	收款人	全 称	福州市消防大队一队
	账 号	36002186796		账 号	
	开户行	中国工商银行福州支行仓山办事处		开户行	
币种：人名币		金额(大写)⊗伍佰元整		(小写)¥500.00	

项目编码	收入项目名称	单 位	数 量	收费标准	金 额
					500.00

执收单位(盖章)

备注：

经办人(签章)

第四联 执收单位给缴款人的收据

(25) 28日，销售给永鸿公司A材料2 000千克，单价30元，增值税税款7 800元，收到对方开出的商业承兑汇票一张。增值税专用发票如表3-1-41所示，商业承兑汇票如表3-1-42所示。

表3-1-41

福建增值税专用发票

福建
记账联

发票代码：3500194130
发票号码：06120061
开票日期：2019年12月28日

购买方	名　　称	福州永鸿有限公司				密码区		(略)			第一联 记账联 销售方记账凭证
	纳税人识别号：	913501065677362671									
	地　址、电　话：	闽侯南屿高新产业园区8号 88034288									
	开户行及账号：	农业银行闽侯南屿支行 320147000400048									
货物或应税劳务、服务名称		规格型号	单位	数量	单价		金额	税率		税额	
A材料			千克	2000	30		60 000	13%		7 800.00	
合　计							¥60 000.00			¥7 800.00	
价税合计(大写)		⊗陆万柒仟捌佰元整					(小写) ¥67 800.00				
销售方	名　　称	福州宏达有限公司				备注					
	纳税人识别号：	91350101260750588C									
	地　址、电　话：	仓山区先锋路50号 88346135									
	开户行及账号：	工行仓办 36002186796									

收款人：　　　　复核：　　　　开票人：刘梅　　　　销售方：(章)

表 3-1-42

商业承兑汇票　　2　　00100088

出票日期　贰零壹玖年　壹拾贰月　贰拾捌日　　09387258
（大写）

付款人	全　称	福州永鸿有限公司	收款人	全　称	福州宏达有限公司
	账　号	320147000400048		账　号	36002186796
	开户行	中国农业银行闽侯南屿支行		开户行	中国工商银行福州支行仓山办事处

出票金额	人民币（大写）　陆万柒仟捌佰元整	亿	千	百	十	万	千	百	十	元	角	分
					¥	6	7	8	0	0	0	0

汇票到期日（大写）	贰零贰零年零贰月贰拾捌日	付款人开户行	行号	45869003
交易合同号	20191228		地址	福州闽侯县南屿镇陈厝里1号

本汇票已经承兑，到期无条件付款。　　承兑人签章 承兑日期　2019年12月28日	本汇票请予以承兑，于到期日付款。　　出票人签章

---

(26) 28 日，结转已售 A 材料成本。出库单如表 3-1-43 所示。

表 3-1-43

出　库　单

单位：宏达公司　　2019年12月28日　　字 12003 号

品 名	单位	数量	单价	金　额								用 途	附单据　　张
				十	万	千	百	十	元	角	分		
A 材料	千克	2000	20		4	0	0	0	0	0	0	销售	
合　计				¥	4	0	0	0	0	0	0		

部门主管：李　浩　　记账：刘　梅　　验收：王志强　　领料：王志强

(27) 29 日，公司在进行现金清查时发现现金盘盈，因无法查明原因，批准后做营业外收入处理。现金盘点报告表如表 3-1-44 所示，处理意见如表 3-1-45 所示。

表 3-1-44

现金盘点报告表
2019 年 12 月 28 日

账存金额	实存金额	盘点结果		备注
		盘盈	盘亏	
1943.20	1993.20	50		*无法查明原因* 领导签字：刘大成

盘点人签章：刘 梅　　　　　　　　　出纳签章：张 兰

表 3-1-45

关于财产清查结果处理意见

福州宏达有限公司财务部：

　　你部的财产清查结果情况，经经理会议研究决定作出如下处理意见：关于现金溢于 50 元，由于无法查明原因，故作为营业外收入处理。

　　　　　　　　　　　　　　　　　　　　　　　　　单位负责人：刘大成

　　　　　　　　　　　　　　　　　　　　　　　　　2019 年 12 月 28 日

(28) 30 日，接到银行通知，本季度实际借款利息 6 000 元已转账。其中，10 月、11 月已预提借款利息 4 000 元。利息计提表如表 3-1-46 所示，预提利息结转表如表 3-1-47 所示，贷款利息通知单如表 3-1-48 所示。

表 3-1-46

利 息 计 提 表
2019 年 12 月 30 日

子目或户名	摘 要	金 额
计提利息	本月银行借款利息	2000.00

合计金额(大写)人民币贰仟元整　　　　　　　　　　　¥:2000.00

　　　　　　　　　　　　　　　　　　　　　　　　　制表人：刘梅

表 3-1-47

预提利息结转表
2019 年 12 月 30 日

子目或户名	摘　　要	金　　额
利息	冲减10月、11月两个月预提的借款利息	4000.00
合计金额(大写)人民币肆仟元整		￥:4000.00

制表人： 刘 梅

- ✂

表 3-1-48

中国工商银行贷款利息通知单(第一联：交款通知)
2019 年 12 月 30 日

存款	账　号		贷款种类	积数金额	利息(%)	利息金额
	户　名		固定资产贷款			
贷款	账　号		生产周转贷款			6000.00
	户　名					
利息金额合计人民币(大写)陆仟元整						￥6000.00
计息期 10—12 月			上列贷款利息已从贵单位存款账户如数支付，请即入账。			

经办人： 李 冰

- ✂

(29) 31 日，计提本月固定资产折旧，其中，生产车间 7 500 元，管理部门 1 000 元。固定资产折旧计算表如表 3-1-49 所示。

表 3-1-49

固定资产折旧计算表
2019 年 12 月 31 日

固定资产	月初原值	月折旧率	月折旧额
生产用	1 250 000	0.6%	7 500.00
管理部门用	250 000	0.4%	1 000.00
合　　计	1500 000		8 500.00

会计主管：　　　　　　复核：李 娜　　　　　　制单：刘 梅

(30) 31 日，分配本月职工工资。工资费用分配表如表 3-1-50 所示。

表 3-1-50

工资费用分配表

2019 年 12 月 31 日

应借科目		生产工人工资额分配			应付工资	合　计
		生产工时	分配率	分配金额		
生产成本	Ⅰ号产品				50 000	50 000
	Ⅱ号产品				25 000	25 000
制造费用					5 000	5 000
管理费用					20 000	20 000
合　　计					100 000	100 000

会计主管：　　　　　　　　　复核：李娜　　　　　　　　　制单：刘梅

(31) 31 日，按工资总额的相应比例计提社会保险费和住房公积金。职工社保和公积金计提表如表 3-1-51 所示。

表 3-1-51

社会保险费、住房公积金计提表

2019 年 12 月 31 日

应借科目		计提基数	社会保险费(30%)	住房公积金(10%)	金额合计
生产成本	Ⅰ号产品				
	Ⅱ号产品				
制造费用					
管理费用					
合　　计					

会计主管：　　　　　　　　　复核：李娜　　　　　　　　　制单：刘梅

(32) 31 日，月末将本月发生的制造费用按Ⅰ号、Ⅱ号产品工资标准分配转入生产成本。制造费用分配表如表 3-1-52 所示。

表 3-1-52

制造费用分配表

2019 年 12 月 31 日

产品名称	分配标准	分配率	分配金额
Ⅰ号产品			
Ⅱ号产品			
合　　计			

会计主管：　　　　　　　　　复核：李娜　　　　　　　　　制单：刘梅

(33) 31日，6 600件Ⅰ号产品全部完工入库，7 450件Ⅱ号产品全部完工入库。Ⅱ号产品月末在产品成本按年初固定成本计价法结转完工产品生产成本。(单位成本保留两位小数。)产品成本计算单如表3-1-53和表3-1-54所示，产品入库单如表3-1-55所示。

表 3-1-53

产品成本计算单

产品名称：Ⅰ号产品　　　　　2019年12月31日　　　　　完工数量：6 600件

项　目	直接材料	直接人工	制造费用	合　计
期初在产品成本				
本月发生额				
合　　计				
完工产品成本				
单位成本				
期末在产品成本				

会计主管：　　　　　　　　复核：李娜　　　　　　　制单：刘梅

表 3-1-54

产品成本计算单

产品名称：Ⅱ号产品　　　　　2019年12月31日　　　　　完工数量：7 450件

项　目	直接材料	直接人工	制造费用	合　计
期初在产品成本				
本月发生额				
合　　计				
完工产品成本				
单位成本				
期末在产品成本				

会计主管：　　　　　　　　复核：李娜　　　　　　　制单：刘梅

表 3-1-55

产成品入库单

2019年 12月 31日　　　　　　　　　　　　　　编号：12001

类别	编号	名称	规格	单位	数量		价　格										附注
					应收	实收	单价	总　价									
								百	十	万	千	百	十	元	角	分	
成品	1001	Ⅰ号		件													
	1002	Ⅱ号		件													
合　计																	

会计主管：　　　　　　　　复核：李娜　　　　　　　制单：刘梅

(34) 31 日，计算本月应缴纳增值税 41 325.95 元，分别按 7%和 3%计算应缴纳的城市维护建设税和教育费附加。城市维护建设税及教育费附加计算表如表 3-1-56 所示。

表 3-1-56

城市维护建设税和教育费附加计算表

2019 年 12 月 31 日

计税依据	城市维护建设税		教育费附加	
	税率/%	金额/元	税率/%	金额/元
41 325.95	7		3	
合　　计				

会计主管：　　　　　　　　　　　复核：李娜　　　　　　　　　制单：刘梅

(35) 31 日，将本月损益类账户余额转入本年利润账户。损益类账户余额表如表 3-1-57 所示。

表 3-1-57

损益类账户余额表

2019 年 12 月

科　目	金　额		科　目	金　额	
主营业务收入	Ⅰ号产品		主营业务成本	Ⅰ号产品	
	Ⅱ号产品			Ⅱ号产品	
其他业务收入			其他业务成本		
营业外收入			税金及附加		
			销售费用		
			管理费用		
			财务费用		
			营业外支出		
合　计			合　计		

会计主管：　　　　　　　　　　　复核：李娜　　　　　　　　　制单：刘梅

(36) 31 日，将本月应纳税所得额(假如利润总额无调整项目)按 25%所得税率计算应纳所得税，结转本月应交所得税。所得税计算表如表 3-1-58 所示。

表 3-1-58

所得税计算表

2019 年 12 月

税前利润	调整金额	应纳税所得额	所得税税率	应交所得税
	无			

会计主管：　　　　　　　　　　　复核：李娜　　　　　　　　　制单：刘梅

(37) 31 日，按净利润的 10%提取本年的盈余公积金，公司决定将全年税后利润 500 000 元按 1∶1 投资比例分配给投资者。利润分配计算表如表 3-1-59 所示。

表 3-1-59

利润分配计算表
2019 年 12 月

项　目	金　额	项　目		提取比例	金　额
本年税后利润		盈余公积			
实际分配利润		应付利润	荣兴公司利润	50%	
			新华公司利润	50%	

会计主管：　　　　　　　　　　复核：李 娜　　　　　　　　制单：刘 梅

(38) 31 日，结转本年利润至"利润分配——未分配利润"账户。本年利润结转表如表 3-1-60 所示。

表 3-1-60

本年利润结转表
2019 年 12 月 31 日

应借科目	应贷科目	金　额
本年利润	利润分配——未分配利润	

会计主管：　　　　　　　　　　复核：李 娜　　　　　　　　制单：刘 梅

(39) 结转利润分配有关明细分类账户至"利润分配——未分配利润"账户。利润分配结转表如表 3-1-61 所示。

表 3-1-61

利润分配结转表
2019 年 12 月 31 日

应借科目	应贷科目	金　额
利润分配——未分配利润		
	利润分配——提取盈余公积	
	利润分配——应付利润	

会计主管：　　　　　　　　　　复核：李 娜　　　　　　　　制单：刘 梅

三、实训要求

(1) 采用记账凭证核算程序进行账务处理,具体要求如下。记账凭证核算程序如图 3-1-2 所示。

① 根据原始凭证编制记账凭证,记账凭证如表 3-1-62 至表 3-1-104 所示。

② 开设并根据记账凭证逐笔登记现金日记账和银行存款日记账,日记账如表 3-1-105 和表 3-1-106 所示。

③ 开设并根据记账凭证及所附的原始凭证登记各种明细分类账,明细账如表 3-1-107 至表 3-1-125 所示。

④ 开设并根据记账凭证登记总分类账,总账如表 3-1-126 至表 3-1-159 所示。

⑤ 编制总分类账户本期发生额及余额试算平衡表,试算平衡后再进行正式结账,试算平衡表如表 3-1-160 所示。提示:对总分类账户先用铅笔结出本期发生额及余额,然后根据各账户本期发生额及余额编制该表并进行试算平衡,试算平衡后再进行正式结账。

⑥ 将现金日记账、银行存款日记账、明细分类账分别与总分类账核对。

⑦ 根据总账及明细账编制资产负债表和利润表,如表 3-1-161 和表 3-1-162 所示。

(2) 采用科目汇总表核算程序进行账务处理,具体要求如下。科目汇总表核算程序如图 3-1-3 所示。

① 根据要求(1)编制的记账凭证编制科目汇总表。科目汇总表如表 3-1-163 所示。

② 开设并根据科目汇总表登记总分类账,按要求结账。总分类账账页如表 3-1-164 至表 3-1-197 所示。

③ 整理、装订凭证、账簿和报表,并撰写实习心得。

图 3-1-2 记账凭证核算程序

图 3-1-3 科目汇总表核算程序

表 3-1-62

记 账 凭 证

年　月　日　　　　　　　　　　　　　　　编号

摘要	会计科目		记账	借方金额										贷方金额									
	总账科目	明细科目		千	百	十	万	千	百	十	元	角	分	千	百	十	万	千	百	十	元	角	分
附件　张	合　计																						

会计主管：　　　　记账：　　　　出纳：　　　　审核：　　　　制单：

表 3-1-63

记 账 凭 证

年　月　日　　　　　　　　　　　　　　　编号

摘要	会计科目		记账	借方金额										贷方金额									
	总账科目	明细科目		千	百	十	万	千	百	十	元	角	分	千	百	十	万	千	百	十	元	角	分
附件　张	合　计																						

会计主管：　　　　记账：　　　　出纳：　　　　审核：　　　　制单：

表 3-1-64

记 账 凭 证

年　月　日　　　　　　　　　　　　　　　编号

摘要	会计科目		记账	借方金额										贷方金额									
	总账科目	明细科目		千	百	十	万	千	百	十	元	角	分	千	百	十	万	千	百	十	元	角	分
附件　张	合　计																						

会计主管：　　　　记账：　　　　出纳：　　　　审核：　　　　制单：

表 3-1-65

记 账 凭 证

年　月　日　　　　　　　　　　　　　编号

摘要	会计科目		记账	借方金额										贷方金额									
	总账科目	明细科目		千	百	十	万	千	百	十	元	角	分	千	百	十	万	千	百	十	元	角	分
附件　张	合　计																						

会计主管：　　　　记账：　　　　出纳：　　　　审核：　　　　制单：

- ✂

表 3-1-66

记 账 凭 证

年　月　日　　　　　　　　　　　　　编号

摘要	会计科目		记账	借方金额										贷方金额									
	总账科目	明细科目		千	百	十	万	千	百	十	元	角	分	千	百	十	万	千	百	十	元	角	分
附件　张	合　计																						

会计主管：　　　　记账：　　　　出纳：　　　　审核：　　　　制单：

- ✂

表 3-1-67

记 账 凭 证

年　月　日　　　　　　　　　　　　　编号

摘要	会计科目		记账	借方金额										贷方金额									
	总账科目	明细科目		千	百	十	万	千	百	十	元	角	分	千	百	十	万	千	百	十	元	角	分
附件　张	合　计																						

会计主管：　　　　记账：　　　　出纳：　　　　审核：　　　　制单：

表 3-1-68

记 账 凭 证

年　月　日　　　　　　　　　　　　　　　编号

摘要	会计科目		记账	借方金额									贷方金额								
	总账科目	明细科目		千	百	十	万	千	百	十	元	角	分	千	百	十	万	千	百	十	元	角	分
附件　张	合　计																						

会计主管：　　　　记账：　　　　出纳：　　　　审核：　　　　制单：

表 3-1-69

记 账 凭 证

年　月　日　　　　　　　　　　　　　　　编号

摘要	会计科目		记账	借方金额									贷方金额								
	总账科目	明细科目		千	百	十	万	千	百	十	元	角	分	千	百	十	万	千	百	十	元	角	分
附件　张	合　计																						

会计主管：　　　　记账：　　　　出纳：　　　　审核：　　　　制单：

表 3-1-70

记 账 凭 证

年　月　日　　　　　　　　　　　　　　　编号

摘要	会计科目		记账	借方金额									贷方金额								
	总账科目	明细科目		千	百	十	万	千	百	十	元	角	分	千	百	十	万	千	百	十	元	角	分
附件　张	合　计																						

会计主管：　　　　记账：　　　　出纳：　　　　审核：　　　　制单：

表 3-1-71

记 账 凭 证

年　月　日　　　　　　　　　　　　　　　编号

摘要	会计科目		记账	借方金额									贷方金额								
	总账科目	明细科目		千	百	十	万	千	百	十	元	角	分	千	百	十	万	千	百	十	元	角	分
附件　张	合　计																						

会计主管：　　　　　记账：　　　　　出纳：　　　　　审核：　　　　　制单：

表 3-1-72

记 账 凭 证

年　月　日　　　　　　　　　　　　　　　编号

摘要	会计科目		记账	借方金额									贷方金额								
	总账科目	明细科目		千	百	十	万	千	百	十	元	角	分	千	百	十	万	千	百	十	元	角	分
附件　张	合　计																						

会计主管：　　　　　记账：　　　　　出纳：　　　　　审核：　　　　　制单：

表 3-1-73

记 账 凭 证

年　月　日　　　　　　　　　　　　　　　编号

摘要	会计科目		记账	借方金额									贷方金额								
	总账科目	明细科目		千	百	十	万	千	百	十	元	角	分	千	百	十	万	千	百	十	元	角	分
附件　张	合　计																						

会计主管：　　　　　记账：　　　　　出纳：　　　　　审核：　　　　　制单：

表 3-1-74

记 账 凭 证

年　月　日　　　　　　　　　　　　　编号

摘要	会计科目		记账	借方金额										贷方金额									
	总账科目	明细科目		千	百	十	万	千	百	十	元	角	分	千	百	十	万	千	百	十	元	角	分
附件　张	合　计																						

会计主管：　　　　记账：　　　　出纳：　　　　审核：　　　　制单：

表 3-1-75

记 账 凭 证

年　月　日　　　　　　　　　　　　　编号

摘要	会计科目		记账	借方金额										贷方金额									
	总账科目	明细科目		千	百	十	万	千	百	十	元	角	分	千	百	十	万	千	百	十	元	角	分
附件　张	合　计																						

会计主管：　　　　记账：　　　　出纳：　　　　审核：　　　　制单：

表 3-1-76

记 账 凭 证

年　月　日　　　　　　　　　　　　　编号

摘要	会计科目		记账	借方金额										贷方金额									
	总账科目	明细科目		千	百	十	万	千	百	十	元	角	分	千	百	十	万	千	百	十	元	角	分
附件　张	合　计																						

会计主管：　　　　记账：　　　　出纳：　　　　审核：　　　　制单：

表 3-1-77

记 账 凭 证

年　月　日　　　　　　　　　　　　编号

摘要	会计科目		记账	借方金额										贷方金额									
	总账科目	明细科目		千	百	十	万	千	百	十	元	角	分	千	百	十	万	千	百	十	元	角	分
附件　张	合　计																						

会计主管：　　　　记账：　　　　出纳：　　　　审核：　　　　制单：

表 3-1-78

记 账 凭 证

年　月　日　　　　　　　　　　　　编号

摘要	会计科目		记账	借方金额										贷方金额									
	总账科目	明细科目		千	百	十	万	千	百	十	元	角	分	千	百	十	万	千	百	十	元	角	分
附件　张	合　计																						

会计主管：　　　　记账：　　　　出纳：　　　　审核：　　　　制单：

表 3-1-79

记 账 凭 证

年　月　日　　　　　　　　　　　　编号

摘要	会计科目		记账	借方金额										贷方金额									
	总账科目	明细科目		千	百	十	万	千	百	十	元	角	分	千	百	十	万	千	百	十	元	角	分
附件　张	合　计																						

会计主管：　　　　记账：　　　　出纳：　　　　审核：　　　　制单：

表 3-1-80

记 账 凭 证

年　月　日　　　　　　　　　编号

摘要	会计科目		记账	借方金额										贷方金额									
	总账科目	明细科目		千	百	十	万	千	百	十	元	角	分	千	百	十	万	千	百	十	元	角	分
附件　张	合　计																						

会计主管：　　　　记账：　　　　出纳：　　　　审核：　　　　制单：

表 3-1-81

记 账 凭 证

年　月　日　　　　　　　　　编号

摘要	会计科目		记账	借方金额										贷方金额									
	总账科目	明细科目		千	百	十	万	千	百	十	元	角	分	千	百	十	万	千	百	十	元	角	分
附件　张	合　计																						

会计主管：　　　　记账：　　　　出纳：　　　　审核：　　　　制单：

表 3-1-82

记 账 凭 证

年　月　日　　　　　　　　　编号

摘要	会计科目		记账	借方金额										贷方金额									
	总账科目	明细科目		千	百	十	万	千	百	十	元	角	分	千	百	十	万	千	百	十	元	角	分
附件　张	合　计																						

会计主管：　　　　记账：　　　　出纳：　　　　审核：　　　　制单：

表 3-1-83

记 账 凭 证

年　月　日　　　　　　　　　　　编号

摘要	会计科目		记账	借方金额									贷方金额								
	总账科目	明细科目		千	百	十	万	千	百	十	元	角	分	千	百	十	万	千	百	十	元	角	分
附件　张	合　计																						

会计主管：　　　记账：　　　出纳：　　　审核：　　　制单：

表 3-1-84

记 账 凭 证

年　月　日　　　　　　　　　　　编号

摘要	会计科目		记账	借方金额									贷方金额								
	总账科目	明细科目		千	百	十	万	千	百	十	元	角	分	千	百	十	万	千	百	十	元	角	分
附件　张	合　计																						

会计主管：　　　记账：　　　出纳：　　　审核：　　　制单：

表 3-1-85

记 账 凭 证

年　月　日　　　　　　　　　　　编号

摘要	会计科目		记账	借方金额									贷方金额								
	总账科目	明细科目		千	百	十	万	千	百	十	元	角	分	千	百	十	万	千	百	十	元	角	分
附件　张	合　计																						

会计主管：　　　记账：　　　出纳：　　　审核：　　　制单：

表 3-1-86

记 账 凭 证

年 月 日　　　　　　　　　　　　　　　编号

摘要	会计科目		记账	借方金额									贷方金额								
	总账科目	明细科目		千	百	十	万	千	百	十	元	角	分	千	百	十	万	千	百	十	元	角	分
附件 张	合 计																						

会计主管：　　　　记账：　　　　出纳：　　　　审核：　　　　制单：

表 3-1-87

记 账 凭 证

年 月 日　　　　　　　　　　　　　　　编号

摘要	会计科目		记账	借方金额									贷方金额								
	总账科目	明细科目		千	百	十	万	千	百	十	元	角	分	千	百	十	万	千	百	十	元	角	分
附件 张	合 计																						

会计主管：　　　　记账：　　　　出纳：　　　　审核：　　　　制单：

表 3-1-88

记 账 凭 证

年 月 日　　　　　　　　　　　　　　　编号

摘要	会计科目		记账	借方金额									贷方金额								
	总账科目	明细科目		千	百	十	万	千	百	十	元	角	分	千	百	十	万	千	百	十	元	角	分
附件 张	合 计																						

会计主管：　　　　记账：　　　　出纳：　　　　审核：　　　　制单：

表 3-1-89

记 账 凭 证

年　月　日　　　　　　　　　　　　　　编号

摘要	会计科目		记账	借方金额										贷方金额									
	总账科目	明细科目		千	百	十	万	千	百	十	元	角	分	千	百	十	万	千	百	十	元	角	分
附件　张	合　计																						

会计主管：　　　　记账：　　　　出纳：　　　　审核：　　　　制单：

表 3-1-90

记 账 凭 证

年　月　日　　　　　　　　　　　　　　编号

摘要	会计科目		记账	借方金额										贷方金额									
	总账科目	明细科目		千	百	十	万	千	百	十	元	角	分	千	百	十	万	千	百	十	元	角	分
附件　张	合　计																						

会计主管：　　　　记账：　　　　出纳：　　　　审核：　　　　制单：

表 3-1-91

记 账 凭 证

年　月　日　　　　　　　　　　　　　　编号

摘要	会计科目		记账	借方金额										贷方金额									
	总账科目	明细科目		千	百	十	万	千	百	十	元	角	分	千	百	十	万	千	百	十	元	角	分
附件　张	合　计																						

会计主管：　　　　记账：　　　　出纳：　　　　审核：　　　　制单：

表 3-1-92

记 账 凭 证

年　月　日　　　　　　　　　　　　　编号

摘要	会计科目		记账	借方金额									贷方金额								
	总账科目	明细科目		千	百	十	万	千	百	十	元	角	分	千	百	十	万	千	百	十	元	角	分
附件　张	合　计																						

会计主管：　　　　　记账：　　　　　出纳：　　　　　审核：　　　　　制单：

表 3-1-93

记 账 凭 证

年　月　日　　　　　　　　　　　　　编号

摘要	会计科目		记账	借方金额									贷方金额								
	总账科目	明细科目		千	百	十	万	千	百	十	元	角	分	千	百	十	万	千	百	十	元	角	分
附件　张	合　计																						

会计主管：　　　　　记账：　　　　　出纳：　　　　　审核：　　　　　制单：

表 3-1-94

记 账 凭 证

年　月　日　　　　　　　　　　　　　编号

摘要	会计科目		记账	借方金额									贷方金额								
	总账科目	明细科目		千	百	十	万	千	百	十	元	角	分	千	百	十	万	千	百	十	元	角	分
附件　张	合　计																						

会计主管：　　　　　记账：　　　　　出纳：　　　　　审核：　　　　　制单：

表 3-1-95

记 账 凭 证

年　月　日　　　　　　　　　　　　编号

摘要	会计科目		记账	借方金额										贷方金额									
	总账科目	明细科目		千	百	十	万	千	百	十	元	角	分	千	百	十	万	千	百	十	元	角	分
附件　张	合　计																						

会计主管：　　　　记账：　　　　出纳：　　　　审核：　　　　制单：

表 3-1-96

记 账 凭 证

年　月　日　　　　　　　　　　　　编号

摘要	会计科目		记账	借方金额										贷方金额									
	总账科目	明细科目		千	百	十	万	千	百	十	元	角	分	千	百	十	万	千	百	十	元	角	分
附件　张	合　计																						

会计主管：　　　　记账：　　　　出纳：　　　　审核：　　　　制单：

表 3-1-97

记 账 凭 证

年　月　日　　　　　　　　　　　　编号

摘要	会计科目		记账	借方金额										贷方金额									
	总账科目	明细科目		千	百	十	万	千	百	十	元	角	分	千	百	十	万	千	百	十	元	角	分
附件　张	合　计																						

会计主管：　　　　记账：　　　　出纳：　　　　审核：　　　　制单：

表 3-1-98

记 账 凭 证

年　月　日　　　　　　　　　　　编号

摘要	会计科目		记账	借方金额										贷方金额									
	总账科目	明细科目		千	百	十	万	千	百	十	元	角	分	千	百	十	万	千	百	十	元	角	分
附件　张	合　计																						

会计主管：　　　记账：　　　出纳：　　　审核：　　　制单：

- -

表 3-1-99

记 账 凭 证

年　月　日　　　　　　　　　　　编号

摘要	会计科目		记账	借方金额										贷方金额									
	总账科目	明细科目		千	百	十	万	千	百	十	元	角	分	千	百	十	万	千	百	十	元	角	分
附件　张	合　计																						

会计主管：　　　记账：　　　出纳：　　　审核：　　　制单：

表 3-1-100

记 账 凭 证

年　月　日　　　　　　　　　　　编号

摘要	会计科目		记账	借方金额										贷方金额									
	总账科目	明细科目		千	百	十	万	千	百	十	元	角	分	千	百	十	万	千	百	十	元	角	分
附件　张	合　计																						

会计主管：　　　记账：　　　出纳：　　　审核：　　　制单：

表 3-1-101

记 账 凭 证

年　月　日　　　　　　　　　　　　编号

摘　要	会计科目		记账	借方金额									贷方金额								
	总账科目	明细科目		千	百	十	万	千	百	十	元	角	分	千	百	十	万	千	百	十	元	角	分
附件　张	合　计																						

会计主管：　　　　　记账：　　　　　出纳：　　　　　审核：　　　　　制单：

表 3-1-102

记 账 凭 证

年　月　日　　　　　　　　　　　　编号

摘　要	会计科目		记账	借方金额									贷方金额								
	总账科目	明细科目		千	百	十	万	千	百	十	元	角	分	千	百	十	万	千	百	十	元	角	分
附件　张	合　计																						

会计主管：　　　　　记账：　　　　　出纳：　　　　　审核：　　　　　制单：

表 3-1-103

记 账 凭 证

年　月　日　　　　　　　　　　　　编号

摘　要	会计科目		记账	借方金额									贷方金额								
	总账科目	明细科目		千	百	十	万	千	百	十	元	角	分	千	百	十	万	千	百	十	元	角	分
附件　张	合　计																						

会计主管：　　　　　记账：　　　　　出纳：　　　　　审核：　　　　　制单：

表 3-1-104

记 账 凭 证

年　月　日　　　　　　　　　　　　　编号

摘　要	会计科目		记账	借方金额										贷方金额									
	总账科目	明细科目		千	百	十	万	千	百	十	元	角	分	千	百	十	万	千	百	十	元	角	分
附件　张	合　计																						

会计主管：　　　　　记账：　　　　　出纳：　　　　　审核：　　　　　制单：

- -

表 3-1-105

现 金 日 记 账

年		凭证		摘　要	对方科目	借　方	贷　方	借或贷	余　额
月	日	种类	号数						

表 3-1-106

银 行 存 款 日 记 账

年		凭证		摘要	对方科目	借方	贷方	借或贷	余额
月	日	种类	号数						

表 3-1-107

应 收 账 款 明 细 账

二级明细科目：
三级明细科目：

年		凭证		摘要	对方科目	借方	贷方	借或贷	余额
月	日	种类	号数						

表 3-1-108

应收账款明细账

二级明细科目：
三级明细科目：

年		凭证		摘要	对方科目	借方	贷方	借或贷	余额
月	日	种类	号数						

表 3-1-109

应收票据明细账

二级明细科目：
三级明细科目：

年		凭证		摘要	对方科目	借方	贷方	借或贷	余额
月	日	种类	号数						

表 3-1-110

其他应收款明细账

二级明细科目：
三级明细科目：

年		凭证		摘要	对方科目	借方	贷方	借或贷	余额
月	日	种类	号数						

表 3-1-111

其 他 应 收 款 明 细 账

二级明细科目：
三级明细科目：

年		凭证		摘要	对方科目	借方	贷方	借或贷	余额
月	日	种类	号数						

表 3-1-112

其 他 应 收 款 明 细 账

二级明细科目：
三级明细科目：

年		凭证		摘要	对方科目	借方	贷方	借或贷	余额
月	日	种类	号数						

表 3-1-113

原 材 料 明 细 账

编号_____ 货名_____ 计量单位_____ 存放地点_____ 最高存量_____ 最低存量_____

年		凭证		摘要	对方科目	收入			发出			结存		
月	日	种类	号数			数量	单价	金额	数量	单价	金额	数量	单价	金额

表 3-1-114

原 材 料 明 细 账

编号_____ 货名_____ 计量单位_____ 存放地点_____ 最高存量_____ 最低存量_____

年		凭证		摘要	对方科目	收 入			发 出			结 存		
月	日	种类	号数			数量	单价	金额	数量	单价	金额	数量	单价	金额

表 3-1-115

库 存 商 品 明 细 账

编号_____ 货名_____ 计量单位_____ 存放地点_____ 最高存量_____ 最低存量_____

年		凭证		摘要	对方科目	收 入			发 出			结 存		
月	日	种类	号数			数量	单价	金额	数量	单价	金额	数量	单价	金额

表 3-1-116

库 存 商 品 明 细 账

编号_____ 货名_____ 计量单位_____ 存放地点_____ 最高存量_____ 最低存量_____

年		凭证		摘要	对方科目	收 入			发 出			结 存		
月	日	种类	号数			数量	单价	金额	数量	单价	金额	数量	单价	金额

表 3-1-117

生 产 成 本 明 细 账

编号_____ 产品名称_____ 计量单位_____

年		凭证		摘要	借方发生额	成本项目			
月	日	种类	号数			直接材料	直接人工	制造费用	合　计

表 3-1-118

生 产 成 本 明 细 账

编号_____ 产品名称_____ 计量单位_____

年		凭证		摘要	借方发生额	成本项目			
月	日	种类	号数			直接材料	直接人工	制造费用	合　计

表 3-1-119

应 付 账 款 明 细 账

二级明细科目：
三级明细科目：

年		凭证		摘要	对方科目	借方	贷方	借或贷	余额
月	日	种类	号数						

表 3-1-120

应 付 账 款 明 细 账

二级明细科目：
三级明细科目：

年		凭证		摘要	对方科目	借方	贷方	借或贷	余额
月	日	种类	号数						

表 3-1-121

预 收 账 款 明 细 账

二级明细科目：
三级明细科目：

年		凭证		摘要	对方科目	借方	贷方	借或贷	余额
月	日	种类	号数						

表 3-1-122

应 交 税 费 明 细 账

二级明细科目：
三级明细科目：

年		凭证		摘要	对方科目	借方	贷方	借或贷	余额
月	日	种类	号数						

表 3-1-123

应 交 税 费 明 细 账

二级明细科目：
三级明细科目：

年		凭 证		摘要	对方科目	借方	贷方	借或贷	余 额
月	日	种类	号数						

表 3-1-124

应 交 税 费 明 细 账

二级明细科目：
三级明细科目：

年		凭 证		摘要	对方科目	借方	贷方	借或贷	余 额
月	日	种类	号数						

表 3-1-125

应 交 税 费 明 细 账

二级明细科目：
三级明细科目：

年		凭 证		摘要	对方科目	借方	贷方	借或贷	余 额
月	日	种类	号数						

表 3-1-126

库 存 现 金 总 账

年		凭 证		摘 要	借 方	贷 方	借或贷	余 额
月	日	种类	号数					

表 3-1-127

银 行 存 款 总 账

年		凭 证		摘 要	借 方	贷 方	借或贷	余 额
月	日	种类	号数					

表 3-1-128

应 收 票 据 总 账

年		凭 证		摘 要	借 方	贷 方	借或贷	余 额
月	日	种类	号数					

表 3-1-129

应 收 账 款 总 账

年		凭 证		摘 要	借 方	贷 方	借或贷	余 额
月	日	种类	号数					

表 3-1-130

预 付 账 款 总 账

年		凭 证		摘 要	借 方	贷 方	借或贷	余 额
月	日	种类	号数					

表 3-1-131

其 他 应 收 款 总 账

年		凭 证		摘 要	借 方	贷 方	借或贷	余 额
月	日	种类	号数					

表 3-1-132

<u>材 料 采 购 总 账</u>

年		凭证		摘要	借方	贷方	借或贷	余额
月	日	种类	号数					

表 3-1-133

<u>原 材 料 总 账</u>

年		凭证		摘要	借方	贷方	借或贷	余额
月	日	种类	号数					

表 3-1-134

<u>库 存 商 品 总 账</u>

年		凭证		摘要	借方	贷方	借或贷	余额
月	日	种类	号数					

表 3-1-135

固 定 资 产 总 账

年		凭证		摘要	借方	贷方	借或贷	余额
月	日	种类	号数					

表 3-1-136

累 计 折 旧 总 账

年		凭证		摘要	借方	贷方	借或贷	余额
月	日	种类	号数					

表 3-1-137

生 产 成 本 总 账

年		凭证		摘要	借方	贷方	借或贷	余额
月	日	种类	号数					

表 3-1-138

制 造 费 用 总 账

年		凭 证		摘 要	借 方	贷 方	借或贷	余 额
月	日	种类	号数					

表 3-1-139

短 期 借 款 总 账

年		凭 证		摘 要	借 方	贷 方	借或贷	余 额
月	日	种类	号数					

表 3-1-140

应 付 票 据 总 账

年		凭 证		摘 要	借 方	贷 方	借或贷	余 额
月	日	种类	号数					

表 3-1-141

应 付 账 款 总 账

年		凭证		摘要	借方	贷方	借或贷	余额
月	日	种类	号数					

表 3-1-142

其 他 应 付 款 总 账

年		凭证		摘要	借方	贷方	借或贷	余额
月	日	种类	号数					

表 3-1-143

应 付 职 工 薪 酬 总 账

年		凭证		摘要	借方	贷方	借或贷	余额
月	日	种类	号数					

表 3-1-144

应 交 税 费 总 账

年		凭 证		摘 要	借 方	贷 方	借或贷	余 额
月	日	种类	号数					

表 3-1-145

预 收 账 款 总 账

年		凭 证		摘 要	借 方	贷 方	借或贷	余 额
月	日	种类	号数					

表 3-1-146

应 付 利 息 总 账

年		凭 证		摘 要	借 方	贷 方	借或贷	余 额
月	日	种类	号数					

表 3-1-147

应 付 利 润 总 账

年		凭证		摘要	借方	贷方	借或贷	余额
月	日	种类	号数					

表 3-1-148

实 收 资 本 总 账

年		凭证		摘要	借方	贷方	借或贷	余额
月	日	种类	号数					

表 3-1-149

资 本 公 积 总 账

年		凭证		摘要	借方	贷方	借或贷	余额
月	日	种类	号数					

表 3-1-150

盈 余 公 积 总 账

年		凭证		摘要	借方	贷方	借或贷	余额
月	日	种类	号数					

表 3-1-151

本 年 利 润 总 账

年		凭证		摘要	借方	贷方	借或贷	余额
月	日	种类	号数					

表 3-1-152

利 润 分 配 总 账

年		凭证		摘要	借方	贷方	借或贷	余额
月	日	种类	号数					

表 3-1-153

主 营 业 务 收 入 总 账

年		凭 证		摘要	借方	贷方	借或贷	余额
月	日	种类	号数					

表 3-1-154

主 营 业 务 成 本 总 账

年		凭 证		摘要	借方	贷方	借或贷	余额
月	日	种类	号数					

表 3-1-155

税 金 及 附 加 总 账

年		凭 证		摘要	借方	贷方	借或贷	余额
月	日	种类	号数					

表 3-1-156

管 理 费 用 总 账

年		凭证		摘要	借方	贷方	借或贷	余额
月	日	种类	号数					

表 3-1-157

销 售 费 用 总 账

年		凭证		摘要	借方	贷方	借或贷	余额
月	日	种类	号数					

表 3-1-158

财 务 费 用 总 账

年		凭证		摘要	借方	贷方	借或贷	余额
月	日	种类	号数					

表 3-1-159

所 得 税 费 用 总 账

年		凭 证		摘 要	借 方	贷 方	借或贷	余 额
月	日	种类	号数					

表 3-1-160

总分类账户发生额及余额试算平衡表

会计科目	期初余额		本期发生额		期末余额	
	借方	贷方	借方	贷方	借方	贷方

表 3-1-161

资产负债表

编制单位：宏达公司　　　　　　　　20×9年12月31日　　　　　　　　会企01表　单位：元

资产	期末余额	年初余额	负债和所有者权益	期末余额	年初余额
流动资产：			流动负债：		
货币资金			短期借款		
交易性金融资产			交易性金融负债		
衍生金融资产			衍生金融负债		
应收票据			应付票据		
应收账款			应付账款		
应收款项融资			预收款项		
预付款项			合同负债		
其他应收款			应付职工薪酬		
存货			应交税费		
合同资产			其他应付款		
持有待售资产			持有待售负债		
一年内到期的非流动资产			一年内到期的非流动负债		
其他流动资产			其他流动负债		
流动资产合计			流动负债合计		
非流动资产：			非流动负债：		
债权投资			长期借款		
其他债权投资			应付债券		
长期应收款			其中：优先股		
长期股权投资			永续债		
其他权益工具投资			租赁负债		
其他非流动金融资产			长期应付款		
投资性房地产			预计负债		
固定资产			递延收益		
在建工程			递延所得税负债		
生产性生物资产			其他非流动负债		
油气资产			非流动负债合计		
使用权资产			负债合计		
无形资产			所有者权益(或股东权益)：		
开发支出			实收资本(或股本)		
商誉			其他权益工具		
长期待摊费用			其中：优先股		
递延所得税资产			永续债		
其他非流动资产			资本公积		
非流动资产合计			减：库存股		
			其他综合收益		
			专项储备		
			盈余公积		
			未分配利润		
			所有者权益(或股东权益)合计		
资产总计			负债和所有者权益(或股东权益)合计		

单位负责人：　　　　　　　财务负责人：　　　　　　　复核：　　　　　　　制表：

表 3-1-162

利 润 表

会企02表

编制单位：　　　　　　　　　　　　　　　年　月　　　　　　　　　　　　　　　单位：元

项　　目	本月金额	上期金额
一、营业收入		
减：营业成本		
税金及附加		
销售费用		
管理费用		
研发费用		
财务费用		
其中：利息费用		
利息收入		
加：其他收益		
投资收益(损失以"-"号填列)		
其中：对联营企业和合营企业的投资收益		
以摊余成本计量的金融资产终止确认收益(损失以"-"号填列)		
净敞口套期收益(损失以"-"号填列)		
公允价值变动收益(损失以"-"号填列)		
信用减值损失(损失以"-"号填列)		
资产减值损失(损失以"-"号填列)		
资产处置收益(损失以"-"号填列)		
二、营业利润(亏损以"-"号填列)		
加：营业外收入		
减：营业外支出		
三、利润总额(亏损总额以"-"号填列)		
减：所得税费用		
四、净利润(净亏损以"-"号填列)		
(一)持续经营净利润(净亏损以"-"号填列)		
(二)终止经营净利润(净亏损以"-"号填列)		
五、其他综合收益的税后净额		
(一)不能重分类进损益的其他综合收益		
1.重新计量设定受益计划变动额		
2.权益法下不能转损益的其他综合收益		
3.其他权益工具投资公允价值变动		
4.企业自身信用风险公允价值变动		
……		
(二)将重分类进损益的其他综合收益		
1.权益法下可转损益的其他综合收益		
2.其他债权投资公允价值变动		
3.金融资产重分类计入其他综合收益的金额		
4.其他债权投资信用减值准备		
5.现金流量套期储备		
6.外币财务报表折算差额		
……		
六、综合收益总额		
七、每股收益		
(一)基本每股收益		
(二)稀释每股收益		

单位负责人：　　　　　　财务负责人：　　　　　　复核：　　　　　　制表：

表 3-1-163

科 目 汇 总 表

年　月　日　　　　　　　　　　　　　第　　号

会计科目	本期发生额		会计科目	本期发生额	
	借　方	贷　方		借　方	贷　方
合　计			合　计		

表 3-1-164

库 存 现 金 总 账

年		凭 证		摘 要	借 方	贷 方	借或贷	余 额
月	日	种类	号数					

表 3-1-165

银 行 存 款 总 账

年		凭 证		摘 要	借 方	贷 方	借或贷	余 额
月	日	种类	号数					

表 3-1-166

应 收 票 据 总 账

年		凭 证		摘 要	借 方	贷 方	借或贷	余 额
月	日	种类	号数					

表 3-1-167

应收账款总账

年		凭证		摘要	借方	贷方	借或贷	余额
月	日	种类	号数					

表 3-1-168

预付账款总账

年		凭证		摘要	借方	贷方	借或贷	余额
月	日	种类	号数					

表 3-1-169

其他应收款总账

年		凭证		摘要	借方	贷方	借或贷	余额
月	日	种类	号数					

表 3-1-170

材料采购总账

年		凭证		摘要	借方	贷方	借或贷	余额
月	日	种类	号数					

表 3-1-171

原材料总账

年		凭证		摘要	借方	贷方	借或贷	余额
月	日	种类	号数					

表 3-1-172

库存商品总账

年		凭证		摘要	借方	贷方	借或贷	余额
月	日	种类	号数					

表 3-1-173

固 定 资 产 总 账

年		凭 证		摘 要	借 方	贷 方	借或贷	余 额
月	日	种类	号数					

表 3-1-174

累 计 折 旧 总 账

年		凭 证		摘 要	借 方	贷 方	借或贷	余 额
月	日	种类	号数					

表 3-1-175

生 产 成 本 总 账

年		凭 证		摘 要	借 方	贷 方	借或贷	余 额
月	日	种类	号数					

表 3-1-176

制 造 费 用 总 账

年		凭 证		摘要	借方	贷方	借或贷	余额
月	日	种类	号数					

表 3-1-177

短 期 借 款 总 账

年		凭 证		摘要	借方	贷方	借或贷	余额
月	日	种类	号数					

表 3-1-178

应 付 票 据 总 账

年		凭 证		摘要	借方	贷方	借或贷	余额
月	日	种类	号数					

表 3-1-179

应 付 账 款 总 账

年		凭证		摘要	借方	贷方	借或贷	余额
月	日	种类	号数					

表 3-1-180

其 他 应 付 款 总 账

年		凭证		摘要	借方	贷方	借或贷	余额
月	日	种类	号数					

表 3-1-181

应 付 职 工 薪 酬 总 账

年		凭证		摘要	借方	贷方	借或贷	余额
月	日	种类	号数					

表 3-1-182

应 交 税 费 总 账

年		凭证		摘要	借方	贷方	借或贷	余额
月	日	种类	号数					

表 3-1-183

预 收 账 款 总 账

年		凭证		摘要	借方	贷方	借或贷	余额
月	日	种类	号数					

表 3-1-184

应 付 利 息 总 账

年		凭证		摘要	借方	贷方	借或贷	余额
月	日	种类	号数					

表 3-1-185

应 付 利 润 总 账

年		凭证		摘要	借方	贷方	借或贷	余额
月	日	种类	号数					

表 3-1-186

实 收 资 本 总 账

年		凭证		摘要	借方	贷方	借或贷	余额
月	日	种类	号数					

表 3-1-187

资 本 公 积 总 账

年		凭证		摘要	借方	贷方	借或贷	余额
月	日	种类	号数					

表 3-1-188

盈 余 公 积 总 账

年		凭 证		摘 要	借 方	贷 方	借或贷	余 额
月	日	种类	号数					

表 3-1-189

本 年 利 润 总 账

年		凭 证		摘 要	借 方	贷 方	借或贷	余 额
月	日	种类	号数					

表 3-1-190

利 润 分 配 总 账

年		凭 证		摘 要	借 方	贷 方	借或贷	余 额
月	日	种类	号数					

表 3-1-191

主 营 业 务 收 入 总 账

年		凭 证		摘要	借 方	贷 方	借或贷	余 额
月	日	种类	号数					

表 3-1-192

主 营 业 务 成 本 总 账

年		凭 证		摘要	借 方	贷 方	借或贷	余 额
月	日	种类	号数					

表 3-1-193

税 金 及 附 加 总 账

年		凭 证		摘要	借 方	贷 方	借或贷	余 额
月	日	种类	号数					

表 3-1-194

管 理 费 用 总 账

年		凭 证		摘 要	借 方	贷 方	借或贷	余 额
月	日	种类	号数					

表 3-1-195

销 售 费 用 总 账

年		凭 证		摘 要	借 方	贷 方	借或贷	余 额
月	日	种类	号数					

表 3-1-196

财 务 费 用 总 账

年		凭 证		摘 要	借 方	贷 方	借或贷	余 额
月	日	种类	号数					

表 3-1-197

所得税费用总账

年		凭证		摘要	借方	贷方	借或贷	余额
月	日	种类	号数					

附：备用科目汇总表、记账凭证

科 目 汇 总 表

年　月　日　　　　　　　　　　　　　　　　　　　　第　号

会计科目	本期发生额		会计科目	本期发生额	
	借　方	贷　方		借　方	贷　方
合　计			合　计		

记 账 凭 证

年　月　日　　　　　　　　　编号

摘　要	会计科目		记账	借方余额										贷方余额									
	总账科目	明细科目		千	百	十	万	千	百	十	元	角	分	千	百	十	万	千	百	十	元	角	分
附件　张	合　计																						

会计主管：　　　　记账：　　　　出纳：　　　　审核：　　　　制单：

记 账 凭 证

年　月　日　　　　　　　　　编号

摘　要	会计科目		记账	借方余额										贷方余额									
	总账科目	明细科目		千	百	十	万	千	百	十	元	角	分	千	百	十	万	千	百	十	元	角	分
附件　张	合　计																						

会计主管：　　　　记账：　　　　出纳：　　　　审核：　　　　制单：

记 账 凭 证

年　月　日　　　　　　　　　编号

摘　要	会计科目		记账	借方余额										贷方余额									
	总账科目	明细科目		千	百	十	万	千	百	十	元	角	分	千	百	十	万	千	百	十	元	角	分
附件　张	合　计																						

会计主管：　　　　记账：　　　　出纳：　　　　审核：　　　　制单：

记 账 凭 证

年　月　日　　　　　　　　编号

摘要	会计科目		记账	借方余额										贷方余额									
	总账科目	明细科目		千	百	十	万	千	百	十	元	角	分	千	百	十	万	千	百	十	元	角	分
附件　张	合计																						

会计主管：　　　记账：　　　出纳：　　　审核：　　　制单：

记 账 凭 证

年　月　日　　　　　　　　编号

摘要	会计科目		记账	借方余额										贷方余额									
	总账科目	明细科目		千	百	十	万	千	百	十	元	角	分	千	百	十	万	千	百	十	元	角	分
附件　张	合计																						

会计主管：　　　记账：　　　出纳：　　　审核：　　　制单：

记 账 凭 证

年　月　日　　　　　　　　编号

摘要	会计科目		记账	借方余额										贷方余额									
	总账科目	明细科目		千	百	十	万	千	百	十	元	角	分	千	百	十	万	千	百	十	元	角	分
附件　张	合计																						

会计主管：　　　记账：　　　出纳：　　　审核：　　　制单：

记 账 凭 证

年　月　日　　　　　　编号

摘要	会计科目		记账	借方余额									贷方余额								
	总账科目	明细科目		千	百	十	万	千	百	十	元	角	分	千	百	十	万	千	百	十	元	角	分
附件　张	合　计																						

会计主管：　　　　记账：　　　　出纳：　　　　审核：　　　　制单：

记 账 凭 证

年　月　日　　　　　　编号

摘要	会计科目		记账	借方余额									贷方余额								
	总账科目	明细科目		千	百	十	万	千	百	十	元	角	分	千	百	十	万	千	百	十	元	角	分
附件　张	合　计																						

会计主管：　　　　记账：　　　　出纳：　　　　审核：　　　　制单：

记 账 凭 证

年　月　日　　　　　　编号

摘要	会计科目		记账	借方余额									贷方余额								
	总账科目	明细科目		千	百	十	万	千	百	十	元	角	分	千	百	十	万	千	百	十	元	角	分
附件　张	合　计																						

会计主管：　　　　记账：　　　　出纳：　　　　审核：　　　　制单：

记 账 凭 证

年　月　日　　　　　　编号

摘 要	会计科目		记账	借方余额										贷方余额									
	总账科目	明细科目		千	百	十	万	千	百	十	元	角	分	千	百	十	万	千	百	十	元	角	分
附件　张	合　计																						

会计主管：　　　　记账：　　　　出纳：　　　　审核：　　　　制单：

记 账 凭 证

年　月　日　　　　　　编号

摘 要	会计科目		记账	借方余额										贷方余额									
	总账科目	明细科目		千	百	十	万	千	百	十	元	角	分	千	百	十	万	千	百	十	元	角	分
附件　张	合　计																						

会计主管：　　　　记账：　　　　出纳：　　　　审核：　　　　制单：

记 账 凭 证

年　月　日　　　　　　编号

摘 要	会计科目		记账	借方余额										贷方余额									
	总账科目	明细科目		千	百	十	万	千	百	十	元	角	分	千	百	十	万	千	百	十	元	角	分
附件　张	合　计																						

会计主管：　　　　记账：　　　　出纳：　　　　审核：　　　　制单：

记 账 凭 证

　　　　　　　　　年　月　日　　　　　　　编号

摘要	会计科目		记账	借方余额										贷方余额									
	总账科目	明细科目		千	百	十	万	千	百	十	元	角	分	千	百	十	万	千	百	十	元	角	分
附件　张	合　计																						

会计主管：　　　　　记账：　　　　　出纳：　　　　　审核：　　　　　制单：

记 账 凭 证

　　　　　　　　　年　月　日　　　　　　　编号

摘要	会计科目		记账	借方余额										贷方余额									
	总账科目	明细科目		千	百	十	万	千	百	十	元	角	分	千	百	十	万	千	百	十	元	角	分
附件　张	合　计																						

会计主管：　　　　　记账：　　　　　出纳：　　　　　审核：　　　　　制单：

记 账 凭 证

　　　　　　　　　年　月　日　　　　　　　编号

摘要	会计科目		记账	借方余额										贷方余额									
	总账科目	明细科目		千	百	十	万	千	百	十	元	角	分	千	百	十	万	千	百	十	元	角	分
附件　张	合　计																						

会计主管：　　　　　记账：　　　　　出纳：　　　　　审核：　　　　　制单：

记 账 凭 证

年　月　日　　　　　　编号

摘要	会计科目		记账	借方余额										贷方余额									
	总账科目	明细科目		千	百	十	万	千	百	十	元	角	分	千	百	十	万	千	百	十	元	角	分
附件　张	合　计																						

会计主管：　　　　　记账：　　　　　出纳：　　　　　审核：　　　　　制单：

记 账 凭 证

年　月　日　　　　　　编号

摘要	会计科目		记账	借方余额										贷方余额									
	总账科目	明细科目		千	百	十	万	千	百	十	元	角	分	千	百	十	万	千	百	十	元	角	分
附件　张	合　计																						

会计主管：　　　　　记账：　　　　　出纳：　　　　　审核：　　　　　制单：

记 账 凭 证

年　月　日　　　　　　编号

摘要	会计科目		记账	借方余额										贷方余额									
	总账科目	明细科目		千	百	十	万	千	百	十	元	角	分	千	百	十	万	千	百	十	元	角	分
附件　张	合　计																						

会计主管：　　　　　记账：　　　　　出纳：　　　　　审核：　　　　　制单：

项目三　基础会计综合模拟实训

记 账 凭 证

年　月　日　　　　　　　　　编号

摘要	会计科目		记账	借方余额									贷方余额								
	总账科目	明细科目		千	百	十	万	千	百	十	元	角	分	千	百	十	万	千	百	十	元	角	分
附件　张	合　计																				

会计主管：　　　　记账：　　　　出纳：　　　　审核：　　　　制单：

---- ✂ ----

记 账 凭 证

年　月　日　　　　　　　　　编号

摘要	会计科目		记账	借方余额									贷方余额								
	总账科目	明细科目		千	百	十	万	千	百	十	元	角	分	千	百	十	万	千	百	十	元	角	分
附件　张	合　计																				

会计主管：　　　　记账：　　　　出纳：　　　　审核：　　　　制单：

---- ✂ ----

记 账 凭 证

年　月　日　　　　　　　　　编号

摘要	会计科目		记账	借方余额									贷方余额								
	总账科目	明细科目		千	百	十	万	千	百	十	元	角	分	千	百	十	万	千	百	十	元	角	分
附件　张	合　计																				

会计主管：　　　　记账：　　　　出纳：　　　　审核：　　　　制单：

参 考 文 献

[1] 企业会计准则编审委员会. 企业会计准则 2020 年版[M]. 上海：立信会计出版社，2020.
[2] 企业会计准则编审委员会. 企业会计准则应用指南 2020 年版[M]. 上海：立信会计出版社，2020.
[3] 企业会计准则编审委员会. 企业会计准则案例讲解 2020 年版[M]. 上海：立信会计出版社，2020.
[4] 企业会计准则编审委员会. 企业会计准则条文讲解与实务运用 2020 年版[M]. 上海：立信会计出版社，2020.
[5] 财政部会计资格评价中心. 初级会计实务[M]. 北京：经济科学出版社，2019.
[6] 丁增稳，郑兴东. 基础会计模拟实训[M]. 2 版. 大连：东北财经大学出版社，2019.
[7] 吴鑫奇，徐洪波. 基础会计模拟实训[M]. 北京：中国轻工业出版社，2019.